BEI GRIN MACHT S
WISSEN BEZAHLT

- Wir veröffentlichen Ihre Hausarbeit,
  Bachelor- und Masterarbeit

- Ihr eigenes eBook und Buch -
  weltweit in allen wichtigen Shops

- Verdienen Sie an jedem Verkauf

Jetzt bei www.GRIN.com hochladen
und kostenlos publizieren

Bibliografische Information der Deutschen Nationalbibliothek:

Die Deutsche Bibliothek verzeichnet diese Publikation in der Deutschen National-
bibliografie; detaillierte bibliografische Daten sind im Internet über http://dnb.d-
nb.de/ abrufbar.

Impressum:

Copyright © 2016 GRIN Verlag, Open Publishing GmbH
Druck und Bindung: Books on Demand GmbH, Norderstedt Germany
ISBN: 9783668524965

Dieses Buch bei GRIN:

http://www.grin.com/de/e-book/375827/aesthetik-und-geschichtsphilosophie-um-
1800-zu-schillers-die-goetter

Ferdinand Pusinelli

Ästhetik und Geschichtsphilosophie um 1800. Zu Schillers "Die Götter Griechenlands" und Novalis' "Hymnen an die Nacht"

GRIN Verlag

GRIN - Your knowledge has value

Der GRIN Verlag publiziert seit 1998 wissenschaftliche Arbeiten von Studenten, Hochschullehrern und anderen Akademikern als eBook und gedrucktes Buch. Die Verlagswebsite www.grin.com ist die ideale Plattform zur Veröffentlichung von Hausarbeiten, Abschlussarbeiten, wissenschaftlichen Aufsätzen, Dissertationen und Fachbüchern.

Besuchen Sie uns im Internet:

http://www.grin.com/

http://www.facebook.com/grincom

http://www.twitter.com/grin_com

Ästhetik und Geschichtsphilosophie um 1800

Zu Schillers "Die Götter Griechenlands" und Novalis'
"Hymnen an die Nacht"

Schriftliche Hausarbeit zur Erlangung des Grades eines Bachelor of Education
an der Universität Trier
Fachbereich II, Germanistik
Wintersemester 2015/16

vorgelegt von **Ferdinand Pusinelli**

Trier, im Februar 2016

Inhaltsverzeichnis

1. Einleitung

Die nachfolgende Ausarbeitung zur »Ästhetik und Geschichtsphilosophie um 1800« untersucht die literarischen Auseinandersetzungen mit kontemporären geisteswissenschaftlichen Strömungen zur Zeit des ausgehenden 18. Jahrhunderts. Das Werk zeitgenössischer Autoren scheint besonders durch die Wahrnehmung einer als ungenügend empfundenen Gegenwart und deren Kontrastbild einer idealen Zukunft beziehungsweise der retrospektiven Überhöhung einer »goldenen Vergangenheit« geprägt. Besonders der von Frankreich ausgehende Impuls der *Querelle des Anciens et des Modernes* - welcher in Deutschland maßgeblichen Einfluss auf die wahrgenommene Differenz der historischen Epochen ausübt - als scheinbar elementarer Streitfrage, welchen kulturellen und literarischen Vorbildern beziehungsweise Modellen der Vorzug gegeben werden solle, eröffnet einen Rahmen, der weiter zu untersuchen ist. Dieser Streit scheint jedoch eher einem allgegenwärtig erfahrbaren fundamentalen Krisenbewusstsein, welches aus den neuesten naturwissenschaftlichen sowie philosophischen Erkenntnisse erwächst, geschuldet. Die Misere der eigenen Zeitlichkeit, die modernem Gedankengut entwächst, wird als zentrale Thematik zeitgenössischer Autoren zu verarbeiten gesucht, indem diese sich unkonventioneller respektive antiquierter Sujets entsinnen, die über das bloße Faktum der Konsequenz der Streitfrage hin zur Ursache sowie Vorbild einer gewissermaßen allumfassenden Verarbeitungstendenz erhoben werden. In diese Tradition können auch die gewählten Werke der Untersuchung eingeordnet werden, die zu diesem Zweck im Folgenden der genauen Analyse und Interpretation bedürfen.

In einer ersten Annäherung soll jedoch zunächst das vorherrschende Gefühl selbigen Ungenügens näher charakterisiert werden, um daraus resultierend die zeitgenössischen Autoren Friedrich Schiller und Friedrich von Hardenberg, genannt Novalis, sowie deren gegenwartskritisch einzuordnende Gesinnung anhand der expliziten literarischen Verarbeitung zu untersuchen. Zuerst wird zu diesem Zweck eine textimmanente Interpretation der *Götter Griechenlandes*[1] durchzuführen sein, um anhand dieses exemplarischen Werkes die literarische Verarbeitung Schillers zu charakterisieren. Selbiges Prinzip liegt der Interpretation der *Hymnen an die Nacht*[2] zu Grunde, jedoch bietet es sich an die V. Hymne an die Nacht innerhalb der ihr eigenen Sonderstellung zu lesen, da sie sich als Antwort der *Götter Griechenlandes*, gar über diese hinaus verweisend, lesbar darbietet. Diese Hinwendung, und an dieser Stelle zu untersuchende Ausweitung eines literarischen Vorbilds, die Novalis' V. Hymne an die Nacht zu sein scheint, ist entscheidend für die Auswahl der beiden grundlegenden Texte der

---

[1] Vgl. FRIEDRICH SCHILLER, in: Friedrich Schiller: Werke
[2] Vgl. SAMUEL/MÄHL, / Novalis. Hrsg. von Hans-Joachim Mähl u. Richard Samuel ; 1

Primärliteratur. Gerade die literarisch ausformulierte Auseinandersetzung besagter Autoren erscheint interessant, da Novalis bereits vor der literarischen Gestaltung der *Hymnen an die Nacht* zu einer *Apologie von Friedrich Schiller*[3] anhebt, die eine Beschäftigung mit vorgegebenem literarischem Gut andeutet. Im Gegensatz zu Novalis' Apologie lassen sich die *Hymnen an die Nacht* als eine literarisch modifizierte Antwort, welche die retrospektive Klage der *Götter Griechenlandes* zurückweist und zu einer geschichtsphilosophischen Betrachtung anhebt[4], lesen. Um die These, dass die V. Hymne als spezifische Antwort auf die Götter Griechenlandes lesbar sei, bestätigen oder falsifizieren zu können, muss in einem vorherigen Schritt eine genaue Analyse und werkgetreue Interpretation der übrigen Hymnen erfolgen, um einen größeren literarischen Zusammenhang aufspannen zu können. Dabei erscheint es naheliegend, die ersten vier Hymnen als Wegbereiter zur Entfaltung der V. Hymne anzusehen, welche im Anschluss das Fundament einer dichten Analyse zur Untersuchung der literarischen Antwort Novalis' - hinsichtlich einer als ungenügend empfundenen Gegenwart - bilden.

Nach Amtmann-Chornitzer sind gerade *Die Götter Griechenlandes* sowie Novalis' *Hymnen an die Nacht* als "Zeugen einer neuen Geistesbewegung"[5] zu interpretieren, weswegen diese als literarische Grundlage vorliegender Untersuchung herangezogen werden. Dies soll jedoch nicht in einseitiger Art und Weise geschehen, vielmehr erscheint es notwendig die verbindenen Elemente beider Texte zu untersuchen und nachzuzeichnen, um nachzuweisen, inwiefern gerade die *Hymnen an die Nacht* über ihr literarisches Vorbild hinauszuweisen scheinen. Zusätzlich ist es erforderlich zeitgenössische Autoren sowie literarisch-historische Ansätze zu nennen, die das literarische Werk Friedrich Schillers sowie Novalis' entscheidend geprägt haben. Da besonders die V. *Hymne an die Nacht* als literarische Antwort Novalis' auf die *Götter Griechenlandes* gelesen wird, sollen in einem anschließenden Ausblick beide Werke unter der übergeordneten Zeigeabsicht untersucht werden. Besonders der angedeuteten literarischen Bewältigung einer entfremdeten Gegenwart ist vorliegende Arbeit gewidmet, da sowohl die *Götter Griechenlandes* als auch die *Hymnen an die Nacht* auf einen zeitlich identischen Ausgangspunkt zurückführbar sind. Desweiteren soll auch der Fragestellung einer möglichen literarischen Ausweitung nachgegangen werden, die in den *Hymnen an die Nacht* erkannt werden kann. Um diesem Vorhaben entsprechen zu können, muss jedoch zuvor ein kurzer Überblick über die zeitgenössische Stimmung präsentiert werden, welche der folgende Abschnitt präsentiert.

---

[3] Vgl. NOVALIS, in: Schiller, Zeitgenosse aller Epochen, S. 114
[4] Vgl. NOVALIS/BALMES, / Novalis. Hrsg. von Hans-Joachim Mähl u. Richard Samuel ; 3, S. 73
[5] AMTMANN-CHORNITZER, 111, S. 10

2. Geschichtsphilosophie um 1800

Wie Dichter aller Zeiten, träumten auch jene des 18. Jahrhunderts den uralten Menschheitstraum vom ehemaligen Paradies. Gemeinsam, wenn auch auf eigene Art, schwärmten sie von einem goldenen Zeitalter, einem blühenden Arkadien, malten in ihren Dichtungen ein ideales, utopisches Bild der antiken Welt[6].

Charakteristisch für die Zeit um 1800 ist ein starkes Gefühl des Ungenügens bezüglich der eigenen Zeit. Die verstärkte Reflektion moderner Entfremdungserfahrungen werden mit dem Entwurf eines ganzheitlichen idealen Zeitalters konfrontiert[7]. Dabei ist letzteres durch die "doppelpolig einander zugeordneten 'Vorzeit' und 'Zukunft'"[8] charakterisiert. Ein "ideales, utopisches Bild der antiken Welt"[9] wie es einleitend heißt, kann dabei auf das »utopische Totum« nach Bloch bezogen werden: "Es ist ein Fernziel ohne endgültige Festlegung, ein Zustand, der total anders als die bestehende Wirklichkeit ist"[10]. Novalis greift dies als "Folie seines utopischen Gegenentwurfs zur zeitgenössischen Wirklichkeit und seiner Kritik an ihr"[11] auf. Mit dem ausgehenden 18. Jahrhundert und den einsetzenden revolutionären Entwicklungen in Frankreich, deren Gedankengut auch auf Deutschland überspringt, wird die Sinnfigur des "Genius Griechenlands"[12] assoziiert. Die einsetzende *"Gräcomanie"[13]* greift den in Frankreich bereits ausklingenden Diskurs über die sogenannte *Querelle des Anciens et des Modernes*, der ästhetischen Diskussion über die antike Poesie erneut auf, welcher eine nachweisliche literarische Entfaltung der in dieser Ausarbeitung grundlegenden Autoren Schiller und Novalis erfahren hat. Während in Frankreich jene Streitfrage zugunsten der Moderne aufgelöst scheint, findet sich in Deutschland eine Bevorzugung der antiken Vorbilder, die auch die Stilfigur des "deutschen Idealismus"[14] hervorbringt. Diese wird, im Unterschied zur Einflussnahme des antiken griechischen Archetyps auf andere europäische Völker, als eine "hoffnungslose Neigung zum Absoluten"[15] charakterisiert, und erhält somit einen faden Beigeschmack, dessen Darlegung jedoch nicht Bestandteil der Ausarbeitung sein soll. Das Ideal gilt per definitionem als Vermutung "von etwas Vollkommenen und deshalb Erstrebenswerten"[16]. Da der Idealismus der Deutschen durch ein pessimistisches Lebensgefühl geprägt scheint[17], schließt sich der naheliegende Gedanke an, dass die "Vorbilder einer idealen Vollkommenheit nicht im Leben, in der Wirklichkeit der Gegenwart, sondern nur in einer untergegangenen und vergangenen Welt zu

---

[6] AMTMANN-CHORNITZER, 111, S. 9
[7] Vgl. AMTMANN-CHORNITZER, 111, S. 9
[8] MÄHL, 7, S. 318
[9] AMTMANN-CHORNITZER, 111, S. 9
[10] SEEBER HANS ULRICH, in: Literarische Utopien von Morus bis zur Gegenwart, S. 18
[11] HEINRICH, 9, S. 45
[12] HEINRICH, 9, S. 45
[13] HEINRICH, 9, S. 81
[14] BUTLER, S. 10
[15] BUTLER, S. 10
[16] BUTLER, S. 11
[17] Vgl. BUTLER, S. 36

finden sein können"[18]. Darin begründet liegt die starke Anziehungskraft des antiken Griechenlands, welche explizit in den *Göttern Griechenlandes* als auch in den *Hymnen an die Nacht* verarbeitet wird. Ausgehend von dieser Erkenntnis soll nun im Folgenden durch textgetreue Analyse der *Götter Griechenlandes* die Verarbeitung der als ungenügend empfundenen Gegenwart präsentiert und der literarisch formulierte, philosophisch-religiös erscheinende Gegenentwurf dargestellt werden.

3. Friedrich Schiller - *Die Götter Griechenlandes*

Friedrich Schiller, den ebenso wie Novalis eine Freundschaft mit den Brüdern Schlegel verbindet - weswegen eine Einflussnahme selbiger auf seine Werke naheliegend erscheint - setzt sich intensiv mit zeitgenössischem Gedankengut auseinander[19]. Besonders Bürgers *Vigil der Venus* und Wielands *Grazien* prägen seine Vorstellung eines antiken Griechenlands[20], so dass sich bereits früh auf die literarische Verarbeitung eines "seit langem tradierten Mythos unbeschwert-idylllischen Lebens"[21] verweisen lässt. Darüber hinaus gilt ebenfalls der Weimarer Aufenthalt 1787/88 als Anstoß der Beschäftigung mit der griechischen Antike[22]. Schillers geschichtsphilosophische Konzeption, die ein vergangenes Paradies zum Ausgangspunkt der entfremdet empfundenen Jetztzeit heranzieht, und gleichzeitig ein antithetisches Spannungsfeld christlicher Überlieferungen, als dem Geist der Neuzeit, gegenüber der antiken Kultur, dargestellt durch den "klassischen Griechenlandmythos"[23], aufbaut, soll im folgenden Abschnitt durch werksgetreue Interpretation relevanter Stellen des Gedichts *Die Götter Griechenlandes* herausgearbeitet werden. Den damaligen Autoren dient die Antike "als Spiegel, in dem die Zeitgenossen sich und ihre Gegenwart erfassten und schmerzlich ihre Defizite entdecken mussten"[24]. Auch in Schillers Aufsatz *Über naive und sentimentalische Dichtung* finden sich zahlreiche Verweise, die als Wegbereiter einer sehnsuchtsvoll-rückwärtig gewandten Betrachtung des antiken Griechenlands gedeutet werden können[25]. Im Anschluss gilt es nach Verbindungen und Einflüssen zu suchen, die in der Folgezeit Dichter wie beispielsweise Novalis in ihren Bann geschlagen haben, und ihrerseits zu einer Übernahme des alttradierten Mythos geführt haben, die in einem abschließenden Ausblick thematisiert werden sollen. Im folgenden

---

[18] BUTLER, S. 37
[19] SCHMIEDT/GRIMM, S. 111
[20] Vgl. BUTLER, S. 198
[21] SCHMIEDT/GRIMM, S. 111
[22] Vgl. AMTMANN-CHORNITZER, 111, S. 41
[23] AMTMANN-CHORNITZER, 111, S. 10
[24] EGGENSPERGER, Pandaemonium Germanicum 2005, S. 65
[25] Vgl. z. B. FRIEDRICH SCHILLER, in: Philosophische Schriften und Gedichte, S. 333

Abschnitt soll nun zunächst eine Interpretation der *Götter Griechenlandes* geschehen, die grundlegend für die Erarbeitung des religionsgeschichtlichen Entwurfes ist.

3.1 "Elegisch in der Empfindungsweise"[26] - Gegenentwurf der seelenlosen Gegenwart

Die erste Publikation der Elegie *Die Götter Griechenlandes* lässt sich im März 1788 auf Anregung Wielands in *Der Teutsche Merkur* wiederfinden. Die Elegie setzt "bei der Darstellung des Ideals ein und betrauert dessen nicht gegebene Realität"[27], weswegen es sich anbietet Schillers Gedicht nachfolgend dementsprechend zu untersuchen, wobei der ersten Fassung der *Götter Griechenlandes* besonderes Augenmerk zuteilwerden soll. An einigen Stellen scheint es jedoch sinnvoll auch die zweite, spätere Fassung (1793), welche unter anderem der Kritik Friedrich Leopold Graf zu Stolbergs geschuldet ist[28], analytisch zu betrachten, um gewichtige Änderungen - so sie die Aufgabenstellung der vorliegenden Arbeit zu stützen vermögen - in den Fokus zu rücken.

Die Götter Griechenlandes gelten als zentrales lyrisches Zeugnis Schillers "klassische[r] Wende"[29]. Wielands Einfluss wird in der Forschung vor allen Dingen in der Klanggestalt des Gedichtes sowie bestimmter Verszeilen gesehen, die synonym für den "Einfluss eines rokokohaften Antikebildes"[30] gedeutet sind. Des Weiteren gilt Wielands Werk *Gedanken über die Ideale der Alten* als grundlegend für Schillers Konzept "einer idealischen, die Wirklichkeit transzendierenden Kunst"[31], die sich inhaltlich der klassizistisch gesehenen Antike bedient[32] und auch in der strengen, ebenmäßigen äußeren Form des Gedichtes nachweisbar ist[33]. Der elegische Klang, zusätzlich gestützt durch einen eingängigen Rhythmus sowie eine "gefällige Sprachmelodie"[34], konstituiert den formalen Aufbau. Selbiger umfasst 25 Strophen, ihrerseits aus acht fünfhebigen trochäischen Versen bestehend, welche in Kreuzreimversen niedergeschrieben sind. Auch der jeweils letzte Vers ist - mit Ausnahme der Strophen 4, 7, 13, 14, 17, 19 und 25 - "um eine Hebung elegisch verkürzt"[35]. In der später erschienenen zweiten Fassung sind die zuvor noch bestehenden metrischen Unregelmäßigkeiten gestrichen, der äußere Umfang auf 16 Strophen verkürzt, die zudem einer strengen Gliederung in elf »griechische« und vier »moderne« Strophen unterliegen[36]. Diese Änderung der zweiten Fassung lässt sich durchaus

---

[26] BEISSNER, 14, S. 138f.
[27] ALT, S. 216
[28] STOLBERG FRIEDRICH LEOPOLD, in: Schiller, Zeitgenosse aller Epochen
[29] LUSERKE-JAQUI/SCHILLER, 2595, S. 201
[30] FRÜHWALD WOLFGANG, in: Jahrbuch der deutschen Schillergesellschaft, S. 254
[31] BROKOFF JÜRGEN, in: Schiller-Handbuch, S. 263
[32] Vgl. BROKOFF JÜRGEN, in: Schiller-Handbuch, S. 263
[33] Vgl. KELLER, S. 161
[34] ALT, S. 261
[35] BROKOFF JÜRGEN, in: Schiller-Handbuch, S. 263
[36] DEMMER SYBILLE, in: Klassik und Romantik, S. 37

auf Schillers Weltverständnis beziehen, da jener dem Idealbild der Griechen ein "düsteres Bild der modernen Menschlichkeit"[37] entgegenstellt, welches erst durch die letzte, sechzehnte Strophe, die als Versöhnung der Gegensätze fungiert, gelöst wird[38]. Nachfolgende Untersuchung wird sich nun zunächst der ersten Fassung bedienen. Auch der Titel dient der Entfaltung der zentralen Thematik der *Götter Griechenlandes*, indem er eine geographische und zeitliche Einordnung zulässt[39]. Inhaltlich offenbart sich eine sehnsüchtige Beschreibung und Hinwendung zu einer vergangenen, archaischen Welt, die Klaus Eggensperger wie folgt zutreffend zusammenfasst:

> In his poem 'Die Götter Griechenlands', Schiller highlights the difference between an idealised classical Greek society conceived as an organic whole in harmony with itself, on one hand, and modern eighteenthcentury Europe, on the other, with its fragmentation and challenging materialism[40].

Die Divergenz der anklingenden Kritik an einer »fremden« Gegenwart und der vergangenen Zeit, welche ganzheitlich als harmonisches Miteinander göttlicher und menschlicher Wesen erfahrbar ist[41], erscheint als inhaltliches Herzstück des Gedichts. Die inhaltliche Thematik wird formal durch die einleitenden sechzehn Verse unterstützt, die der Beschreibung des vergangenen idyllisch anmutenden Zeitalters durch ausgewählte Adjektive wie »schön«, »glücklich«, »edel« oder »himmlisch« in einer beinahe lexikonartig erscheinenden Reihung, welche Einblicke in einen nahezu entrückten Zustand ermöglichen, verpflichtet sind. Der "Vorwurf des Versandens im gelehrten mythologischen Detail"[42] erscheint an dieser Stelle unangebracht, vielmehr wird eine Assoziationskette entworfen, die einen Zugang zur Antike ermöglicht. Zusätzlich zu dieser zuerst bloß adjektivischen Reihung werden zweitens Namen der griechischen Mythologie angehäuft, welche ebenfalls Zugang in den tradierten Kontext bieten und gleichzeitig in Interaktion mit dem Titel agieren. Durch Wielands Einfluss wählt Schiller bewusst solche Bilder der griechischen Antike, welche die Intaktheit selbiger verdeutlichen[43] und durch ihre Verwendung die Vorstellung einer zuvor ungeteilten Lebenssphäre evozieren[44]. Jene belegt zudem die Spannung des Abstands zwischen Antike und Moderne, die charakteristisch für Schillers Elegie ist - "ein dogmatisch verzerrtes, gefühlsarmes Christentum und die theoretische Kultur der Aufklärung bilden die zentralen Gegenstände der Gegenwartskritik, die die Elegie vor dem Hintergrund ihrer Verherrlichung des antiken Griechenland vorträgt"[45].

---

[37] LÜTGERT, Bd. 6, S. 138
[38] Vgl. GROßE WILHELM, in: Klassik-Rezeption, S. 36
[39] Vgl. SCHMIEDT/GRIMM, S. 117
[40] EGGENSPERGER, Pandaemonium Germanicum 2005, S. 63
[41] Vgl. FRIEDRICH SCHILLER, in: Friedrich Schiller: Werke, S. 190
[42] AMTMANN-CHORNITZER, 111, S. 21
[43] Vgl. ALT, S. 262f.
[44] Vgl. BROKOFF JÜRGEN, in: Schiller-Handbuch, S. 263
[45] ALT, S. 264

Bereits der klagend vorgetragene Ausruf "Ach!"[46] weist auf die retrospektive Sicht hin, welche Schillers markanter Verfahrensweise - die dem elegischen Dichter eigen sei - erzeugt[47]. Beißner allerdings entwirft einen Rahmen, der das Gedicht als "elegisch in der Empfindungsweise"[48] betitelt. Dieser, der lyrischen Tradition verhaftete, seufzend ausgestoßene Laut bildet in der ersten Strophe den "Ausgangspunkt einer Gedankenwanderung in längst vergangene, herrliche Zeiten, in das goldene Zeitalter der Antike"[49]. Der durch das erste Wort des Gedichts - "Da"[50] - eingeleitete Temporalsatz, der in Kombination mit dem Wort "noch"[51] einen unwiederbringlich verlorenen Zustand beschreibt[52], stärkt das wahrnehmbare Phänomen. Die im Präteritum gebrauchten Verben am Ende der Verszeile der ersten Strophen sowie die erneute Anführung der genannten Temporalbestimmung betonen, dass Vergangenes thematisiert wird[53]. Im Anschluss an die harmonisch präsentierte Vergangenheit folgt in der dritten Strophe eine Wende[54]. Der Kontrast zwischen belebter Vergangenheit und der seelenlos empfundenen Gegenwart wird durch eine retrospektiv erblickte Wiederbelebung der umgebenden erstarrten Dinge intensiviert[55]. Durch Spiel mit zeitlichen Adverbien wie den gegenübergestellten »jetzt« und »damals« sowie »einst«, und den Tempuswechsel wird ein zweipoliger Entwurf von harmonisch-ganzheitlicher Vergangenheit sowie "deprimierend anmutender Gegenwart"[56] präsentiert. Dieses antithetische Prinzip gilt nach Keller als eine Grundform Schillers pathetischen Stils[57], welche sich auch in jenem Werk niederschlägt, gar als strukturbildend im "tektonischen Aufbau des Gedichts"[58] angesehen werden kann[59]. Einerseits schlägt sich dies in der "gegenstrebigen Fügung"[60] der Makroebene ganzer Strophen, welche im Gegensatz zur bitteren Empfindung der »entseelten« Jetztzeit (17., 19.-25. Strophe) das Vergangene sehnsüchtig besingen (4.-10., 12., 16., 18. Strophe), nieder. Zusätzlich wird die antithetische Struktur in der direkten (3., 11., 13. Strophe) gegenüber einer indirekten Kontrastierung (1., 2., 14., 15. Strophe) der erwähnten Konstellation innerhalb der Mikroebene einer Strophe deutlich[61]. Die erste Strophe weist keine ausdrückliche Nennung des Gegenbildes des idealisiert

---

[46] FRIEDRICH SCHILLER, in: Friedrich Schiller: Werke, S. 190
[47] Vgl. FRIEDRICH SCHILLER, in: Philosophische Schriften und Gedichte, S. 352
[48] BEISSNER, 14, S. 138f.
[49] AMTMANN-CHORNITZER, 111, S. 19
[50] FRIEDRICH SCHILLER, in: Friedrich Schiller: Werke, S. 190
[51] FRIEDRICH SCHILLER, in: Friedrich Schiller: Werke, S. 190
[52] Vgl. GROßE WILHELM, in: Klassik-Rezeption, S. 36
[53] Vgl. GROßE WILHELM, in: Klassik-Rezeption, S. 37
[54] Vgl. FRIEDRICH SCHILLER, in: Friedrich Schiller: Werke, S. 190
[55] Vgl. AMTMANN-CHORNITZER, 111, S. 20
[56] SCHMIEDT/GRIMM, S. 117
[57] Vgl. KELLER, S. 87f.
[58] BROKOFF JÜRGEN, in: Schiller-Handbuch, S. 263
[59] Vgl. FRÜHWALD WOLFGANG, in: Jahrbuch der deutschen Schillergesellschaft, S. 256
[60] BROKOFF JÜRGEN, in: Schiller-Handbuch, S. 263
[61] Vgl. BROKOFF JÜRGEN, in: Schiller-Handbuch, S. 263

dargestellten antiken Griechenlands auf, jedoch erscheint selbiges als gegenwärtig im Ton[62]. Der ausgeprägte Kontrast zwischen Vergangenem und Gegenwart entwirft durch "Worte wie Totenglocken: anders - anders"[63] eine Atmosphäre von Trauer und Schmerz, der man sich nicht entziehen kann[64]. Gezielte grammatische und formale Bearbeitung prägen den bereits angesprochenen elegischen, sehnsüchtig klagenden Ton des Gedichtes. Die Verwendung des Präteritums, eine komparativische Beschreibung der vergangenen Zeit oder das anaphorisch gebrauchte "noch"[65] stehen sinnbildlich für einen als Verlust empfundenen Zustand, welcher antithetisch dem Wohlklang jener Verse gegenüber steht, welche die mitunter rauschhaft empfundene von Göttern erfüllte Welt beschreiben[66] und in den schließenden Ausruf "Venus Amathusia"[67] gipfeln. Selbige gilt als Schirmherrin dieser ganzheitlich erfahrbaren Welt, als "Göttin der Ganzheit und Einheit, eine Brücke, die [...] wenigstens für Augenblicke das begrenzt Menschliche mit der Ewigkeit des Göttlichen zu verbinden vermag"[68]. Diese "innere Antithese"[69] ist Demmer zufolge deckungsgleich mit der Griechenauffassung der Frühklassik und zugleich Grund des formal entworfenen Wechsels zwischen "hymnische[r] Feier und elegische[r] Klage"[70]. Ein "Abgleiten in den Affekt"[71] wird lediglich durch die streng wirkende formale Gestaltung, das Präteritum sowie die im Komparativ gehaltene Reihung von Adjektiven verhindert, welche die »entseelte« Jetztzeit andeuten[72] und letztlich doch wieder in eine Verdrängung des klagenden, retrospektiven Tons - durch ausführliche, euphemistische Schilderung der Vergangenheit - erneut die Erfahrung jener ganzheitlichen Welt in den Vordergrund stellt, gipfelt[73]. Ein weiteres Indiz für die Ablösung der sehnsüchtigen Klage nach einer vergangenen goldenen Zeit durch die Hoffnung einer harmonische Verschmelzung, gleichbedeutend mit der Etablierung eines hymnisch anmutenden Tons, wird durch die Verwendung des Komparativs erbracht, welcher ab der siebten Strophe in Form gesteigerter Adjektive sowie Adverbien einsetzt[74]. In der zehnten Strophe erreicht die Vergegenwärtigung der vergangenen Zeit durch den Tempuswechsel ihren Höhepunkt, die idealisierte Darstellung wird zum Klimax hin entwickelt, der elegische Ton, gleichsam die elegische Empfindung

---

[62] Vgl. FRÜHWALD WOLFGANG, in: Jahrbuch der deutschen Schillergesellschaft, S. 256
[63] BUTLER, S. 203
[64] Vgl. BUTLER, S. 203
[65] FRIEDRICH SCHILLER, in: Friedrich Schiller: Werke, S. 190
[66] Vgl. FRÜHWALD WOLFGANG, in: Jahrbuch der deutschen Schillergesellschaft, S. 256
[67] FRIEDRICH SCHILLER, in: Friedrich Schiller: Werke, S. 190
[68] AMTMANN-CHORNITZER, 111, S. 23
[69] FRÜHWALD WOLFGANG, in: Jahrbuch der deutschen Schillergesellschaft, S. 256
[70] DEMMER SYBILLE, in: Klassik und Romantik, S. 39
[71] FRÜHWALD WOLFGANG, in: Jahrbuch der deutschen Schillergesellschaft, S. 258
[72] Vgl. FRÜHWALD WOLFGANG, in: Jahrbuch der deutschen Schillergesellschaft, S. 258
[73] Vgl. AMTMANN-CHORNITZER, 111, S. 21
[74] Vgl. FRIEDRICH SCHILLER, in: Friedrich Schiller: Werke, S. 191

verdrängt[75]. Der Gott des Weines, Dionysos respektive Bacchus, erscheint im Gefolge eines Freudenzuges. Frühwald attestiert, dass in jener "Darstellung des Freudengipfels das schärfste Bewußtsein [sic!] des Verlustes evoziert"[76] wird. Die »Schillerschen Komparative« scheinen das Preislied der Vergangenheit in eine Erlösungssehnsucht zu verwandeln[77]. Auffallend ist die markante Zäsur an dieser Stelle, die das Gedicht exakt in der Mitte teilt[78]. Die zunächst kulturgeschichtlichen, ab der neunten Strophe anthropologischen Komparative bedingen den in der elften Strophe angeführten Vergleichspunkt[79]. Neben das bunte Treiben und Lärmen des im Zuge des Dionysos folgenden Festes und den rauschhaften Empfindungen tritt nun eine "traur'ge Stille"[80]. Diese steht einleitend und gleichbedeutend für die als kalt, finster und freudlos empfundene Jetztzeit[81]. Das kontrastierende Element wird aufs Neue in der Konfrontation der antiken Götter und des »deus absconditus« entfaltet[82]. Der klagend-elegische Ton, der bis dato durch Erhöhung positiver Merkmale der menschlichen Existenz utopisch gemahnendes Vergangenes betrauert, tritt in veränderter Ausprägung erneut zu Tage. Eingeleitet durch das Adverb "damals"[83] werden der idealisiert angepriesenen Vergangenheit die widrig erscheinenden Aspekte der Gegenwart in einem Verhältnis der bis dato Nicht-Existenz[84] gegenübergestellt, so dass Amtmann-Chornitzer konstatiert: "Das Gefühl der Unzufriedenheit mit der Gegenwart verdrängt nun jenes des Wohlgefallens an der Antike, welches bisher vorherrschte"[85]. Eine Steigerung des elegischen Klangs ist die Folge des Perspektivwechsels. Bis zur neunzehnten Strophe überwiegt, durch "Aneinanderreihung mythologischer Bilder, die das Vergangene immer eindringlicher, überwältigender und damit auch gegenwärtiger"[86] schildern, ein sehnsüchtiges Verhaften in der Vergangenheit. Dies wird durch den elegischen Ton des Gedichts verstärkt, es scheint, als sei selbiger "die einzige Möglichkeit, das verlorene Griechenland und dessen mythische Welt gegenwärtig werden zu lassen"[87]. Auch wenn in den Folgestrophen mehrfach retrospektive Elemente durchscheinen, so ist doch ersichtlich, dass die griechische Antike, in der die Götter "anthropomorphisiert"[88] erscheinen, unwiederbringlich verloren ist -

---

[75] Vgl. FRIEDRICH SCHILLER, in: Friedrich Schiller: Werke, S. 191
[76] FRÜHWALD WOLFGANG, in: Jahrbuch der deutschen Schillergesellschaft, S. 258
[77] Vgl. WIESE, S. 408
[78] Vgl. MULTHAMMER MICHAEL, in: Verteidigung als Angriff, S. 265
[79] Vgl. LUSERKE-JAQUI/SCHILLER, 2595, S. 202
[80] FRIEDRICH SCHILLER, in: Friedrich Schiller: Werke, S. 192
[81] Vgl. AMTMANN-CHORNITZER, 111, S. 26
[82] Vgl. LUSERKE-JAQUI/SCHILLER, 2595, S. 202
[83] FRIEDRICH SCHILLER, in: Friedrich Schiller: Werke, S. 192
[84] Vgl. AMTMANN-CHORNITZER, 111, S. 27
[85] AMTMANN-CHORNITZER, 111, S. 27
[86] GROßE WILHELM, in: Klassik-Rezeption, S. 40
[87] ALT, S. 265
[88] KOOPMANN HELMUT, in: Schiller-Handbuch, S. 312

"All jene Blüten sind gefallen von des Nordes winterlichem Wehn"[89]. Die doppelte Anführung des elegisch behauchten "Ach!"[90], ebenso wie die sehnsüchtige Klage "Schöne Welt wo bist du? - Kehre wieder, / holdes Blütenalter der Natur"[91], als wehklagende Bilanz der visionären Vergegenwärtigung des Vergangenen, verdeutlichen diese Gewissheit[92]. Die pointierte Gegenüberstellung des vergangenen Ideals und der »seelenlosen« Gegenwart schließt auch die Beschäftigung mit der Todesthematik nicht aus. Die Wendung "damals trat kein gräßliches Gerippe"[93] selbigen Verses, entfaltet den strukturgebenden antithetischen Rahmen der Vergangenheit-Gegenwart-Konstellation. Der euphemistisch gedeutete Tod im Bild des Fackel senkenden Genius[94], welcher sowohl auf den Einfluss Lessings *Wie die Alten den Tod gebildet*, als auch auf Herders *Wie die Alten den Tod gebildet? Ein Nachtrag zu Leßings Abhandlungen desselben Titels und Inhalts* zurückführbar ist[95], lässt selbigen in einem versöhnlichen Licht erscheinen, nach Alt steht er gar "im Zeichen der Aussicht auf ein Leben in Elysium"[96]. Die Euphemisierung des Todes des Griechentums widerspricht der harschen Beschreibung der Moderne - "ein gräßliches Gerippe"[97] ist die Entsprechung der Wandlung der Göttervielfalt zu einem »deus absconditus«, einem trotz Offenbarung unerkannt verbleibenden Gott.

Auch die ausklingenden Verse der *Götter Griechenlandes* entfalten erneut das strukturgebende antithetische Prinzip. "Einen zu bereichern, unter allen"[98] steht der "bunten Vielfalt der antiken Götter"[99] verfremdend gegenüber. Im Anschluss findet sich eine unmittelbar die Gegenwart zurückweisende Attitüde, besonders durch die dreimalige Wiederholung des Wortes "nie"[100] in Strophe 21, welche als Entsprechung der Götterferne zu deuten ist. Als Klimax der sinnbildlichen Darstellung des Resultats der gegenwärtig erfahrbaren Götterferne erscheint schlussendlich "auf Saturnus umgestürztem Thron"[101] das stilisierte Gegenbild der idealisierten Götterzeit[102]. Umstritten bleibt die Frage, ob die *Götter Griechenlandes* überhaupt als Religionskritik per se, eine "Kritik am Monotheismus der Christen"[103] gelesen werden dürfen.

---

[89] FRIEDRICH SCHILLER, in: Friedrich Schiller: Werke, S. 193
[90] FRIEDRICH SCHILLER, in: Friedrich Schiller: Werke, S. 193
[91] FRIEDRICH SCHILLER, in: Friedrich Schiller: Werke, S. 193
[92] Vgl. DEMMER SYBILLE, in: Klassik und Romantik, S. 41
[93] FRIEDRICH SCHILLER, in: Friedrich Schiller: Werke, S. 192
[94] Vgl. FRIEDRICH SCHILLER, in: Friedrich Schiller: Werke, S. 192
[95] Vgl. DEMMER SYBILLE, in: Klassik und Romantik, S. 41
[96] ALT, S. 262
[97] FRIEDRICH SCHILLER, in: Friedrich Schiller: Werke, S. 192
[98] FRIEDRICH SCHILLER, in: Friedrich Schiller: Werke, S. 192
[99] UERLINGS, Novalis, S. 139
[100] FRIEDRICH SCHILLER, in: Friedrich Schiller: Werke, S. 194
[101] FRIEDRICH SCHILLER, in: Friedrich Schiller: Werke, S. 193
[102] Vgl. FRÜHWALD WOLFGANG, in: Jahrbuch der deutschen Schillergesellschaft, S. 258
[103] LUSERKE-JAQUI/SCHILLER, 2595, S. 203

Oellers zufolge sind die *Götter Griechenlandes* "als Prolegomena einer künftigen Ästhetik, die als Poesie wird auftreten können, zu verstehen"[104].

Auch in der ausklingenden Strophe werden antikes Ideal und entfremdete Jetztzeit gemäß des antithetischen Stils verarbeitet. "Nimm die ernste, strenge Göttin wieder, / die den Spiegel blendend vor mir hält, / ihre sanfte Schwester sende nieder, / spare jene für die andre Welt"[105]. Frühwald weist bereits der letzten Strophe der ersten Fassung die Hoffnung auf etwas Neues zu, die aus der Klage anlässlich des Vergangenen erwächst[106]. Anders dagegen Amtmann-Chornitzer, die postuliert, "die Elegie [sei] eher einem vergangenen Arkadien, als einem zu erreichendem Elysium [...] zugewandt"[107], so dass erst die zweite Fassung der Elegie, welche vor allen Dingen eine veränderte Schlussstrophe beinhaltet, eine andere Schlussfolgerung zuließe[108]. "Aus der Zeitflut weggerissen, schweben / sie gerettet auf des Pindus Höhn: / was unsterblich im Gesang soll leben, / muß im Leben untergehn"[109]. Kein elegisch eingefärbter vergeblicher Wunsch nach der Rückkehr des verlorenen Arkadiens, aber ein neuer Zugang zu selbigem scheint entworfen. "Die utopische Aufhebung der Zeit, wie sie für die arkadische Zeit galt, wird wiederholbar in der Zeitenthobenheit der Kunst"[110], sodass die real erfahrbare Götterferne durch eine Kunst-Religion heilbar erscheint[111]. Gerade die stärkere Legitimation der Kunst weist dem Schönen und der Dichtung religiöse Qualität zu - ein "überirdisches Reich"[112], welches das in der Wirklichkeit Vergangene erneut erfahrbar weden lässt und als "Befreierin von der Last des Irdischen"[113] gilt. Im nachfolgenden Abschnitt soll nun die vorliegende Interpretation als Grundlage für den Versuch, den zugrundeliegenden philosophisch-religiösen Ansatz zu entfalten, herangezogen werden.

3.2 Kontrastierung der seelenlosen Gegenwart mit einer »idealischen« Vergangenheit

Anhand der Betrachtung anderer literarischer Werke der Zeitepoche, die in den Kontext einer fremd gewordenen Gegenwart verordnet werden können, gelingt es eine umfassendere Sicht auf die Stoßrichtung der *Götter Griechenlandes* zu entwerfen. Schillers fiktiver *Brief eines reisenden Dänen* (1785) beispielsweise schildert die ihn befallende Ergriffenheit während eines Besuchs

---

[104] OELLERS/HOFMANN, S. 123

[105] FRIEDRICH SCHILLER, in: Friedrich Schiller: Werke, S. 193

[106] Vgl. FRÜHWALD WOLFGANG, in: Jahrbuch der deutschen Schillergesellschaft, S. 261

[107] AMTMANN-CHORNITZER, 111, S. 39f.

[108] Vgl. AMTMANN-CHORNITZER, 111, S. 43

[109] FRIEDRICH SCHILLER, in: Friedrich Schiller: Werke, S. 193

[110] DEMMER SYBILLE, in: Klassik und Romantik, S. 45

[111] Vgl. DEMMER SYBILLE, in: Klassik und Romantik, S. 45

[112] KOOPMANN HELMUT, in: Schiller-Handbuch, S. 313

[113] SELL, 1, S. 137

des Mannheimer Antikensaals[114]. Die Verse der drei Jahre später erschienenen *Götter Griechenlandes* können als literarische Aufarbeitung des idealisierten Bildes der Antike gedeutet werden, der ein "mentalitätsgeschichtliche[r] Hintergrund"[115] vorausgeht. Der Reverenz der Antike haftet jedoch das Faktum des fiktiv-idealisierten Entwurf an, keine realistische Darstellung historisch-kultureller Verhältnisse zu sein[116].

Die *Götter Griechenlandes*, gerade der explizit elegisch-klagende Ton und der sehnsüchtige Gehalt, stehen stellvertretend für die Vorstellung "von etwas Vollkommenen und deshalb Erstrebenswerten"[117], welche um die Wende des 18. Jahrhunderts ihren Richtpunkt vor allem in antiken Vorbildern zu finden scheint. Die dem Gedicht eigene Tongestalt gilt zum einen als Abkehr von einer rationalistisch erfassbaren Gegenwart, zum anderen als retrospektiver Wegweiser, der in eine glorifizierte goldene Vergangenheit deutet. Die entworfene »Vorzeit« der *Götter Griechenlandes* erfährt die Aufwertung zur »golden Vorzeit«, die sehnsüchtig-retrospektiv herbeigesehnt wird, eine Welt lebendiger Erfahrung, in der "zwischen Menschen, Göttern und Heroen [...] Amor einen schönen Bund"[118] spinnt[119]. Die Ablösung jenes Zustandes durch das Christentum bewirkt eine drastische Veränderung. Die Entgötterung der ganzheitlich erfahrbaren Welt durch das Christentum bestätigt die religiöse Diskrepanz beider Weltentwürfe[120]. "Einen zu bereichern, unter allen, / mußte [sic!] diese Götterwelt vergehen"[121]. Allerdings ist Schillers Kritik nicht atheistisch gemeint, vielmehr begründet sie sich aus der Religion selbst[122]. Die vergangene Göttervielfalt und die Glaubensinhalte der griechischen Antike gelten Schiller nur scheinbar als Alternative zum christlichen Glauben per se. Wichtiger ist es, die dem Christentum eigenen, sinnlich erfahrbaren Momente der Anschaulichkeit, anstelle der Verstandesabstraktionen der Moderne[123] zuzuordnen. Demzufolge kritisieren die *Götter Griechenlandes* die Konstruktion eines rationalistisch abstrakten monotheistischen Glaubens. An die Stelle des zuvor beschriebenen "vielgestaltigen Götterreigen der Antike"[124] stellt die christliche Lehre "einen verborgenen Gott, einen *Deus absconditus*"[125], nicht die Mittlerfigur Jesus Christus, aber den einen "Schöpfergott des jüdisch-christlichen Monotheismus"[126]. Somit beklagt Schiller in seiner Elegie offen die Götterferne der eigenen Zeit - "Gleich dem toten

---

[114] FRIEDRICH SCHILLER, in: Friedrich Schiller: Werke, S. 102
[115] EGGENSPERGER, Pandaemonium Germanicum 2005, S. 64
[116] Vgl. EGGENSPERGER, Pandaemonium Germanicum 2005, S. 65
[117] BUTLER, S. 11
[118] FRIEDRICH SCHILLER, in: Friedrich Schiller: Werke, S. 190
[119] Vgl. DEMMER SYBILLE, in: Klassik und Romantik, S. 43
[120] Vgl. UERLINGS, Novalis, S. 139
[121] FRIEDRICH SCHILLER, in: Friedrich Schiller: Werke, S. 193
[122] Vgl. FELDEN, S. 127
[123] Vgl. SCHULZE-BÜNTE, S. 4
[124] AMTMANN-CHORNITZER, 111, S. 29
[125] EGGENSPERGER, Pandaemonium Germanicum 2005, S. 67
[126] ZIMMERMANN HANS DIETER, in: Schiller und die Antike, S. 78

Schlag der Pendeluhr, / dient sie knechtisch dem Gesetz der Schwere / die entgötterte Natur"[127].

Schiller äußert jedoch nicht Kritik am Christentum - »der Religion der Liebe« - per se, die dedizierte Stoßrichtung gilt der Kritik dem als Verlust empfundenen Verschwinden der griechischen Götterwelt[128]. Die Dissoziation des Menschen, die der Ablösung der antiken Göttervielfalt durch einen christlichen Monotheismus geschuldet scheint, führt über selbige hinaus. Ein abstrakter, im Verborgenen wirkender Gott sowie die tote, kalte Natur sind Resultat und Beklagenswertes zugleich[129], woraus eine klare Kluft zwischen einem idealisch verklärten Arkadien sowie dem trennenden Christentum resultiert[130]. Die Definition des »*deus absconditus*« scheint Programm, der christliche Gott ist kein Gegenstand der Welterfahrung[131]. Der Absenz desselbigen entwächst eine entzauberte Gegenwart, selbst die zuvor belebten Wälder "wiederhallen leer"[132]. Das Eigentümliche des Gedichtes beruht vor allem auf der Synthese eines Feindbildes aus Christentum und Aufklärung[133], welche die Gegenwart im Licht eines als defizient präsentierten Modus erscheinen lassen[134]. Einerseits der christliche Monotheismus und zweitens die als kalt empfundene Vernunft des abstrakten Rationalismus[135], welche unter dem Zeichen der Entsinnlichung präsent scheint, prägen die Gegenwart. Durch die Verbindung beider Zustände ergibt sich ein sinnlich nicht mehr erfahrbarer Gott, der zum "Werk und Schöpfer des Verstandes"[136] geworden ist. Schlussfolgernd wird einer derart reduzierten Gottesvorstellung die glaubenskonstitutive Kraft abgesprochen[137]. Dies lässt sich durch die Biographie Schillers verdeutlichen, da ihm "Religion [...] in poetischer Gestalt, als eine Angelegenheit von Herz und Gefühl"[138] erscheint, weswegen ihm die sinnlich erfahrbare Wirklichkeit der griechischen Mythologie als Gegenentwurf und "elegisch beschworene[s] [...] Regulativ"[139] eines derart eingeschränkten deistischen Gottesbildes gilt. Die Kritik eines "verstandesabstrakten Gottesbegriff[s]"[140] zielt demzufolge auf ein Christentum, das maßgeblich verantwortlich für ein rationalistisch-monotheistisches Weltbild scheint[141]. Die Antwort der *Götter Griechenlandes* besteht in einer "Wendung [...] zum Idealismus als religiöser Gewißheitsbegründung [sic!]"[142].

---

[127] FRIEDRICH SCHILLER, in: Friedrich Schiller: Werke, S. 194
[128] Vgl. KOOPMANN HELMUT, in: Schiller-Handbuch, S. 313
[129] Vgl. BROKOFF JÜRGEN, in: Schiller-Handbuch, S. 263
[130] Vgl. OELLERS NORBERT, in: Friedrich Schiller und der Weg in die Moderne, S. 180
[131] Vgl. SCHULZE-BÜNTE, S. 3
[132] FRIEDRICH SCHILLER, in: Friedrich Schiller: Werke, S. 194
[133] Vgl. WIESE, S. 408
[134] Vgl. FRICK WERNER, in: Schiller-Handbuch, S. 98
[135] Vgl. WOLFF, S. 2
[136] FRIEDRICH SCHILLER, in: Friedrich Schiller: Werke, S. 195
[137] Vgl. SCHULZE-BÜNTE, S. 4
[138] WOLFF, S. 2
[139] FRICK WERNER, in: Schiller-Handbuch, S. 98
[140] SCHULZE-BÜNTE, S. 4
[141] Vgl. DEMMER SYBILLE, in: Klassik und Romantik, S. 43
[142] FRICKE, S. 290

Die Idealisierung des Griechentums resultiert aus der Unmittelbarkeit der göttlichen Stimme in der lebendigen Natur, die dem Göttlichen schlussfolgernd eine "irdisch-natürliche Gestalt"[143] zuweist und das Griechentum zum Urzustand der religiös anmutenden Geschichtsbetrachtung des Idealismus ernennt[144]. Dabei gibt Schiller dem "Immer-danach-Streben"[145] den Vorzug vor einem nicht zu erreichenden Endstadium der Vollkommenheit, dem per definitionem wesentlichen Bestandteils des Ideals. Über die Klage des vergangenen ganzheitlich erfahrbaren Zeitalters wird hingeleitet zu einer als ungenügend empfundenen Zeitlichkeit, die im Kontrast zum antiken Ideal nur als »Gerippe«[146] gedeutet werden kann[147]. Ein jenseitiger, abstrakter »deus absconditus« im Rahmen einer rationalistisch-monotheistischen Weltanschauung ist Ursprung und Begründung der idealistischen Verklärung. Speziell die zweite Fassung des Gedichts legitimiert "die utopische Zukunft [...] durch die idealische Vergangenheit"[148], so dass sich eine subtile religiös konnotierte Deutungsmöglichkeit aufdrängt. Diese weise über sich hinaus, indem sie eine Wiederherstellung der verlorenen Einheit "jenseits der bedrückend empfundenen Gegenwart als letztes Ziel der Geschichte an den Horizont"[149] projiziert. Die Gleichsetzung des Schönen und der griechischen Götter sowie eine überhöhte Darstellung der Kunst, die als Gegenentwurf der beschädigten Gegenwart die reale Götterferne - "die verlorene Theodizee [...] mit einer Kunstreligion"[150] - heilt. Gerade auch die Schlussverse legen eine solche Deutung nahe - "was unsterblich im Gesang soll leben / muß [sic!] im Leben untergehn"[151]. Schiller postuliert ein Überleben des Ideals, welches er mit der sinnlich erfahrbaren Welt der stilisiert dargebotenen griechischen Antike gleichsetzt, in der Kunst, sozusagen einer "Sinngebung des Sinnlosen"[152].

In einem weiteren Schritt sollen nun Novalis' *Hymnen an die Nacht* thematisiert werden. Dabei soll vor allen Dingen die V. Hymne an die Nacht, die literarische Antwort auf die *Götter Griechenlandes*, einer genauen Untersuchung unterliegen, um in einem abschließenden Ausblick die grundlegende Stimmung um 1800 exemplarisch anhand beider Werke einfangen zu können.

---

[143] FRICKE, S. 295
[144] Vgl. FRICKE, S. 296
[145] ZIMMERMANN HANS DIETER, in: Schiller und die Antike, S. 82
[146] Vgl. FRIEDRICH SCHILLER, in: Friedrich Schiller: Werke, S. 194
[147] Vgl. AMTMANN-CHORNITZER, 111, S. 34
[148] HEFTRICH, 4, S. 59
[149] BERGHAHN KLAUS L., in: Friedrich Schiller - Angebot und Diskurs, S. 42
[150] DEMMER SYBILLE, in: Klassik und Romantik, S. 45
[151] FRIEDRICH SCHILLER, in: Schillers sämtliche Werke. Bd. 1. Gedichte I, S. 160
[152] SAFRANSKI, S. 290

4. Friedrich von Hardenberg - *Die Hymnen an die Nacht*

Viele Untersuchungen des letzten Jahrhunderts beschäftigen sich mit den literarischen Werken des Friedrich von Hardenberg, genannt Novalis, die, durch die Lektüre des Aufsatzes *Ueber naive und sentimentalische Dichtung*[153], eine zunehmend triadische Geschichtskonzeption durchzieht, welche wiederum einen ausgeprägt eschatologischen Charakter aufzuweisen scheint[154]. Diese Auffassung Hardenbergs lässt sich auch in der grundlegenden Binnenstruktur der Hymnen wiederfinden, deren Untersuchung der nachfolgende Abschnitt gewidmet ist. Der zyklisch anmutende Aufbau selbiger besteht aus drei Teilen, welche wiederum aus je zwei Hymnen, innerhalb derer ein in sich abgeschlossener Zyklus zu finden ist, bestehen[155]. In der jeweils ersten Strophe wird das triadische Geschichtsverständnis entfaltet, während die zweite Strophe die sehnsüchtig erwartete Rückkehr in den Fokus rückt. Diese Sehnsucht scheint das Resultat der literarischen Verarbeitung der *Götter Griechenlandes*, die Anstoß der verklärenden Geschichtsauffassung[156] und existenzieller Bestandteil der dargebotenen Ausarbeitung ist.

Eine erste Faszination für das antike Griechenland lässt sich zum Teil bereits auf Friedrich Schlegel zurückführen, die sich beispielsweise in einem Brief Schlegels an Novalis aus dem Jahr 1794 niederschlägt, in welchem es treffend heißt: "meine ganze Zeit einem Werke von größerm Umfang gewidmet, welche Dich vielleicht auch intereßiren [sic!] wird, einer Geschichte der Griechischen Dichtkunst"[157]. Der Einfluss Herders hingegen scheint in wesentlich forcierterer Weise in Novalis' Werken anzuklingen, da das persönliche Verhältnis beider "über die Konventionalität und Folgenlosigkeit zufälliger Begegnungen, oder flüchtiger Gelegenheitsberührungen"[158] hinausgeht. Der Anbruch eines künftigen goldenen Zeitalters gilt im frühromantischen Denken des ausklingenden 18. Jahrhunderts als "eine quietistische Zuflucht vor den Widersprüchen der Gegenwart"[159]. Pikuliks These, dass die *Hymnen an die Nacht* "weder pathologisch noch christlich"[160] seien, und der ihnen zugrundeliegende Entwurf einer »neuen Religiosität« sind wesentliche Ausgangspunkte der folgenden Untersuchung. Im nachfolgenden Abschnitt soll nun anhand der *Hymnen an die Nacht* eine textimmanente Analyse dieser Vermutung erfolgen, und speziell durch explizite Betonung der V. Hymne an die Nacht untersucht werden.

---

[153] FRIEDRICH SCHILLER, in: Philosophische Schriften und Gedichte
[154] Vgl. ZANUCCHI, S. 48
[155] Vgl. UERLINGS, Novalis, S. 129
[156] Vgl. HEFTRICH, 4, S. 55
[157] BEHLER, / hrsg. von Ernst Behler. Unter Mitw. von Jean-Jacques Anstett und Hans Eichner ; 23, S. 204
[158] UNGER, S. 25f.
[159] HEINRICH, 9, S. 199
[160] PIKULIK, Aurora 1998, S. 38

Die *Hymnen an die Nacht,* deren erste erhaltene Fassung auf die Jahreswende 1799/1800 datierbar scheint[161], gelten als die bedeutendste Dichtung der Frühromantik und bilden Novalis' einziges größeres literarisches Werk, das über einen bloß fragmentarischen Charakter hinaus zur Vollendung gebracht wurde[162].

Die Hymnen »an die Nacht« erfahren bei Novalis eine Vertiefung, die Nacht gilt als "Medium religiöser Erfahrung"[163], deren hymnische Ausgestaltung im Widerspruch zur christlichen und aufklärerischen Tradition steht[164]. Sie sind in sechs Strophen abgefasst, deren formale Gestaltung als ein Konglomerat aus "frei rhythmisierter Prosa und aus gleichmäßig metrisierten, gereimten Versen"[165] erscheint, so dass Schulz von eng miteinander verbundenen "Poemen"[166] spricht. Auffällig ist dabei die unterschiedliche formale Gestaltung der Handschrift und späterer Athenäumsfassung[167], wobei letztere dieser Arbeit als literarische Quelle beiseite gestellt wird. Die *Hymnen an die Nacht* erscheinen formal als vertikale Linie, eine "Religion, deren Formen [Novalis] kennt und weiter verwendet"[168]. Bereits der Titel unterstellt eine religiöse Funktion, da die Hymne seit der Antike "als Form des enthusiastischen Sprechens über erhabene Gegenstände"[169] gilt. Fernerhin hält sich in der aktuellen Forschung die These, dass die zugrundeliegende initierende Struktur gar ein "lyrische[r] Einweihungsgang in die romantische Religion"[170] sei, die im Folgenden nachzuzeichnen angestrebt wird. Wesentliches Gestaltungsmerkmal der Hymnen scheint es, jegliche klare Zeit- und Raumstruktur innerhalb der unendlichen Nachtwelt aufzulösen, die bereits Kamla ausführlich thematisiert hat[171]. Die erste Hymne führt Tag und Nacht noch als klare Gegensätze ein, wobei die Preisung der "milden Allgegenwart"[172] des Ersteren scheinbar dominiert[173]. Diese Apologie des Lichtes, so der aktuelle Stand der Forschung, gilt als strukturgebendes Merkmal der zeitgenössischen Naturphilosophie[174]. Die einführenden Verse - "welcher Lebendige, Sinnbegabte, liebt nicht"[175] -

---

[161] Vgl. UERLINGS, Friedrich von Hardenberg, genannt Novalis, S. 280
[162] Vgl. UERLINGS, Friedrich von Hardenberg, genannt Novalis, S. 277
[163] PIKULIK, Frühromantik, S. 188
[164] Vgl. ECKHARDT, 1021, S. 83
[165] PETERSDORFF DIRK von, in: Novalis, S. 130
[166] SCHULZ GERHARD, in: Klassik und Romantik, S. 204
[167] Vgl. AMTMANN-CHORNITZER, 111, S. 55
[168] PETERSDORFF DIRK von, in: Novalis, S. 131
[169] PETERSDORFF, Mysterienrede, S. 354
[170] PETERSDORFF, Mysterienrede, S. 355
[171] Vgl. KAMLA, S. 19f.
[172] SAMUEL/MÄHL, / Novalis. Hrsg. von Hans-Joachim Mähl u. Richard Samuel ; 1, S. 149
[173] Vgl. UERLINGS, Novalis, S. 129
[174] Vgl. u.a. PETERSDORFF, Mysterienrede, S. 356 & PFAFF, Text & Kontext : Jahrbuch für germanistische Literaturforschung in Skandinavien 1980, S. 93
[175] SAMUEL/MÄHL, / Novalis. Hrsg. von Hans-Joachim Mähl u. Richard Samuel ; 1, S. 149

scheinen eine deutliche Bejahung des sinnlich erfahrbaren Tages zu offerieren[176]. Die einsetzenden Gefühle - versinnbildlicht durch die "tiefe Wehmut"[177] - des lyrischen Ich entwerfen bereits an dieser Stelle eine erste Abkehr von einem nun "arm und kindisch"[178] präsentierten Licht, so dass anhand des prozessualen Fortgangs der ersten Hymne erste Anklänge einer »neuen Religiosität« zu finden sind, welche die traditionelle Apologie des Lichtes verändert. Auch die daran anschließende zweite Hymne setzt diesen Prozess fort. "Muß [sic!] immer der Morgen wiederkommen? Endet nie des Irdischen Gewalt? unselige Geschäftigkeit verzehrt den himmlischen Anflug der Nacht"[179]. Zwischen gegenpolig angeordnetem Traum und der Wirklichkeit findet sich eine erste Einweihung in die "Sphäre des Nächtlichen"[180], durch den »heiligen Schlaf«, "jener rauschartige Zustand höherer Wachheit"[181], der "himmelöffnend"[182] entgegentritt. Auch in der zweiten Strophe findet sich der grundlegende Dualismus, der bereits in der ersten Strophe entfaltet wird, in veränderter Form wieder. Eine Trennung in Menschengruppen erfolgt - jene "Thoren" und die "Nacht Geweihte[n]"[183], welche sich "'einen zeitlos und raumlos stabilen *hortus conclusus* herbeisehnen"[184].

Die dritte Hymne entwirft den vorläufigen Höhepunkt der bis dato nur angedeuteten Erkenntnis der Nacht. Der auffallende Tempuswechsel schildert die entscheidende Einweihung in das Geheimnis der Nacht[185] - "erst seitdem fühl ich ewigen, unwandelbaren Glauben an den Himmel der Nacht"[186]. Im Gegensatz zu den ersten beiden Hymnen findet sich in der dritten ein individuell erfahrbares und daher konkretes Ereignis[187], das der apodiktischen Einweihung dient. "Einst da ich bittre Thränen vergoß"[188] kann als einmaliges Erlebtes angesehen werden, jedoch unter der Prämisse, dass es sich trotz der denkbar biographischen Handlung um ein Produkt der Fiktion handelt[189]. Die konstitutive Schlussfolgerung der dritten Hymne setzt sich als formales Strukturelement der Hardenbergschen Werke fort. Es ist "jenes der-Gegenwart-Absterben, Er-innern des Vergangenen, aus dem das Erwachen in einer höheren Welt, die Ahnung eines künftigen Daseins hervorgeht"[190]. Eine Integration des Todes in das Leben wird vorbereitet, die

---

[176] KONDA, 41, S. 91
[177] SAMUEL/MÄHL, / Novalis. Hrsg. von Hans-Joachim Mähl u. Richard Samuel ; 1, S. 149
[178] SAMUEL/MÄHL, / Novalis. Hrsg. von Hans-Joachim Mähl u. Richard Samuel ; 1, S. 151
[179] SAMUEL/MÄHL, / Novalis. Hrsg. von Hans-Joachim Mähl u. Richard Samuel ; 1, S. 153
[180] SCHULZ GERHARD, in: Klassik und Romantik, S. 204
[181] KONDA, 41, S. 91
[182] SAMUEL/MÄHL, / Novalis. Hrsg. von Hans-Joachim Mähl u. Richard Samuel ; 1, S. 153
[183] SAMUEL/MÄHL, / Novalis. Hrsg. von Hans-Joachim Mähl u. Richard Samuel ; 1, S. 153
[184] PETERSDORFF, Mysterienrede, S. 360
[185] Vgl. KONDA, 41, S. 91
[186] SAMUEL/MÄHL, / Novalis. Hrsg. von Hans-Joachim Mähl u. Richard Samuel ; 1, S. 155
[187] Vgl. UERLINGS, Novalis, S. 132
[188] SAMUEL/MÄHL, / Novalis. Hrsg. von Hans-Joachim Mähl u. Richard Samuel ; 1, S. 153
[189] Vgl. UERLINGS, Novalis, S. 133
[190] MÄHL, 7, S. 302

beginnende "Nachtbegeisterung"[191] führt hin zu einer "Durchdringung von Immanenz und Transzendenz"[192]. Die individuelle Erfahrung, welche Hardenberg als konstitutiv für die frühromantische Mittlerreligion sieht, kristallisiert sich bereits in der dritten Hymne heraus[193], der Akt der Neugeburt wird eingeleitet[194].

Die vierte Hymne lässt eine eschatologische Deutung in den Vordergrund drängen, die sowohl individualbiographisch als auch menschheitsgeschichtlich auf den "letzten Morgen"[195] verweist und somit einen religionsgeschichtlichen Impetus bewirkt[196]. Sie greift die individuelle Offenbarungserfahrung der dritten Hymne erneut auf, und entwickelt diese durch eine "Rhetorik der Naherwartung"[197] zur Gewissheit "einer endgültigen Erlösung in naher Zukunft"[198] weiter. Jene Gewissheit bietet auch der Sinnfigur des Kreuzes, "eine Siegesfahne unsers Geschlecht"[199] - die exemplarisch für den Reichtum von Bildern einer christlich deutbaren Erlösungsgeschichte steht[200] - einen kontextuellen Rahmen, der eine Erfüllung der Menschheitsgeschichte ankündigt[201]. Die abschließenden, erstmalig in gereimter Form vorliegenden Verse der vierten Hymne bereiten den Weg der V. Hymne an die Nacht. Der formalen Überarbeitung des ursprünglich handschriftlichen Entwurfs der *Hymnen an die Nacht* ist die wesentliche Akzentuierung der streng metrisch geformten Verse der Schlusshymnen zu verdanken[202]. Die anklingende eschatologisch erscheinende Motivik der ersten vier Hymnen weist selbige zum einen als christlichen Gesang aus, auf der anderen Seite nutzt Novalis Bilder, "in denen es wogt, umarmt und fließt"[203], welche Anklänge einer different gestalteten frühromantischen Mittlerreligion konturieren, die im folgenden Abschnitt genauerer Analyse anhand der V. Hymne an die Nacht bedarf.

4.2 Die V. Hymne an die Nacht - frühromantische Mittlerreligion?

Die V. Hymne an die Nacht, die durch deutlich erscheinende Parallelen zur dritten Hymne gekennzeichnet scheint, lässt das lyrische Ich zugunsten einer erzählten kollektiv erfahrbaren Geschichte zurückzutreten[204]. Zusätzlich erfährt sie, unter anderem gemessen am formalem

---

[191] SAMUEL/MÄHL, / Novalis. Hrsg. von Hans-Joachim Mähl u. Richard Samuel ; 1, S. 155
[192] PETERSDORFF, Mysterienrede, S. 362
[193] Vgl. UERLINGS, Novalis, S. 134
[194] Vgl. PIKULIK, Frühromantik, S. 191
[195] SAMUEL/MÄHL, / Novalis. Hrsg. von Hans-Joachim Mähl u. Richard Samuel ; 1, S. 155
[196] Vgl. PETERSDORFF, Mysterienrede, S. 365
[197] UERLINGS, Novalis, S. 135
[198] KONDA, 41, S. 91
[199] SAMUEL/MÄHL, / Novalis. Hrsg. von Hans-Joachim Mähl u. Richard Samuel ; 1, S. 159
[200] Vgl. NOVALIS/BALMES, / Novalis. Hrsg. von Hans-Joachim Mähl u. Richard Samuel ; 3, S. 70
[201] Vgl. DAHNKE HANS-DIETRICH, in: Novalis., S. XXXVI
[202] Vgl. PIKULIK, Frühromantik, S. 187
[203] PETERSDORFF DIRK von, in: Novalis, S. 139
[204] Vgl. PETERSDORFF DIRK von, in: Novalis, S. 133

Umfang, der jenem der ersten vier Hymnen zusammgenommen entspricht[205], eine thematische und formale Ausweitung, indem sie in metaphorisch freiausgestalteter Form einen Abriss der Menschheitsgeschichte von der Antike bis hin zur Gegenwart[206] konstruiert und sich in "direkten Bezug und [...] poetologische Auseinandersetzung mit Schillers Elegie *Die Götter Griechenlands*"[207] begibt. Nach Petersdorff ist sie gar als "das historische Panorama des Textes"[208] zu lesen. Dabei muss jedoch der gegenpolig wirkende Zeitrahmen sorgfältig untersucht werden. Die "klare Antithetik von Antike und Christentum"[209], welche Kamla durch Hinzuziehen eines früheren Briefes an Friedrich Schlegel nutzt, um letzteres der Antike überhöht gegenüberzustellen, scheint nicht geeignet, das latente religionsgeschichtliche Modell zu erhellen[210]. Vielmehr erscheint eine synthetische Verbindung Christus' mit den alten Göttern, und somit die Wiederkehr der antiken Götterherrlichkeit im Christentum als Fortsetzung der Antike auf höherer Ebene[211] schlüssig, welche Pfaff plausibel *"interpretatio christiana"*[212] tauft. Speziell das projizierte Grab Christi in der V. Hymne an die Nacht in den Versen "Noch weinen deine Lieben Tränen der Freude, Tränen der Rührung und des unendlichen Danks an deinem Grabe - sehn dich noch immer, freudig erschreckt, auferstehn"[213], universalisiert die bereits zuvor in der dritten Hymne nur individuelle Epiphanienerfahrung, welche das "Geheimniß [sic!]"[214] des Todes entsiegelt und metaphorisch zu einer Neugeburt überleitet[215]. Die *Hymnen an die Nacht* scheinen so wesentlich an einer »neuen romantischen Religion« mitzuwirken, die sich aus dem Konglomerat romantischer Philosophie und Dichtung sowie wesentlicher Kernpunkte der christlichen Überlieferung[216] zusammensetzt.

Die Idee der romantischen Triade wird ebenfalls profund entfaltet, indem die V. Hymne die goldene Vorzeit dergestalt darbietet, dass innerhalb selbiger die Freundschaft der am sinnlichen Leben teilnehmenden "Himmelskinder"[217] und der Menschheit als konstitutiv angesehen wird. Der historische Dreischritt wird Eckhardt zufolge in "gradliniger Progression entwickelt"[218] und besitzt seinen Ursprung gemäß der europäischen Tradition in der griechischen Antike[219]. Das Leben in der idealisierten Zeitlichkeit wird pointiert in einem ewigen Fest der Götter und

---

[205] Vgl. HIEBEL, S. 226
[206] Vgl. UERLINGS, Friedrich von Hardenberg, genannt Novalis, S. 311
[207] GROßE WILHELM, in: Klassik-Rezeption, S. 43
[208] PETERSDORFF DIRK von, in: Novalis, S. 126
[209] UERLINGS, Friedrich von Hardenberg, genannt Novalis, S. 286
[210] Vgl. UERLINGS, Friedrich von Hardenberg, genannt Novalis, S. 286
[211] Vgl. UERLINGS, Friedrich von Hardenberg, genannt Novalis, S. 314
[212] PFAFF, Text & Kontext : Jahrbuch für germanistische Literaturforschung in Skandinavien 1980, S. 97
[213] SAMUEL/MÄHL, / Novalis. Hrsg. von Hans-Joachim Mähl u. Richard Samuel ; 1, S. 169
[214] SAMUEL/MÄHL, / Novalis. Hrsg. von Hans-Joachim Mähl u. Richard Samuel ; 1, S. 169
[215] Vgl. PETERSDORFF, Mysterienrede, S. 369
[216] Vgl. PETERSDORFF DIRK von, in: Novalis, S. 135
[217] SAMUEL/MÄHL, / Novalis. Hrsg. von Hans-Joachim Mähl u. Richard Samuel ; 1, S. 161
[218] ECKHARDT, 1021, S. 167
[219] Vgl. PETERSDORFF, Mysterienrede, S. 373

Menschen dargestellt[220]. Die beiden Symbole, Licht und Leben reflektieren das gesamte Wesen des vergangenen antiken Zeitalters[221], das zurückgehend auf das Studium der Texte Hesiods und deren Erneuerung in Hemsterhuis' *Alexis*, als eines der Unschuld und der erfahrbaren Sinnlichkeit, unter dem "Schutz der schönsten Götterfrau"[222], die ihren Ursprung in Hesiods *Aphrodite Urania* besitzt, avanciert[223]. Die Verkündigung eines vergangenen und zukünftigen goldenen Zeitalters darf jedoch nicht realhistorisch gedeutet werden, sondern gilt als "ein Postulat, das den absoluten Ausgangspunkt der Geschichte und letzlich [sic!] ihr Zielbild deutlich machen soll"[224]. Die literarisch entworfene antike Religiosität scheint über sich hinaus schon die »christliche« Offenbarung zu verkünden, jedoch weise die geschilderte Idylle proleptisch bereits auf die werdende historische Entwicklung der Antike zum Christentum hin[225]. Bevor diese konstatiert werden kann, wird die Stufe der Götterherrlichkeit durch "eine Zeit dualistischer Weltdeutung"[226] abgelöst, die als innerhalb der Spätantike und als Zeit der Götterferne gilt, welche eine "Verinnerlichung der Religion"[227], und damit die Entwicklung einer prägnant frühromantisch zu deutenden Religiosität, die Christus aus der Innerlichkeit erstehen lässt[228], zur Folge hat. "Ins tiefe Heiligthum [sic!], in des Gemüths [sic!] höhern Raum zog mit ihren Mächten die Seele der Welt - zu walten dort bis zum Anbruch der tagenden Weltherrlichkeit"[229].

Das Ende des goldenen Zeitalters wird durch den Tod, "die Erfahrung der Endlichkeit"[230], eingeleitet, und die Ratlosigkeit der Götter führt zur etablierten Herrschaft "eiserner Kette" und "dürre[r] Zahl"[231] der gegenwärtigen Zeit. Der Glaube an die Götter und zusätzlich die Fantasie sind dieser Zwischenzeit zum Opfer gefallen und weichen einer rationalistischen Weltauffassung[232], die Mähl zufolge ein entworfenes Bild der zeitgenössischen Gegenwart ist[233]. Uerlings hingegen weist sie einerseits in die Spätantike, dementiert dies gleichzeitig jedoch, da Novalis keineswegs einen realgeschichtlichen Entwurf präsentiert[234]. Dies lässt sich unter anderem damit begründen, dass Novalis das Christentum nicht einseitig ablehnt, selbiges ergo die Götterferne nicht symbolisch repräsentiert. Eine Synthese beider Gedanken scheint

---

[220] Vgl. SAMUEL/MÄHL, / Novalis. Hrsg. von Hans-Joachim Mähl u. Richard Samuel ; 1, S. 163
[221] Vgl. SAMUEL, 12. S. 177
[222] MÄHL, 7, S. 388
[223] Vgl. MÄHL, 7, S. 388
[224] MÄHL, 7, S. 313
[225] Vgl. PETERSDORFF, Mysterienrede, S. 373
[226] PETERSDORFF, Mysterienrede, S. 373
[227] UERLINGS, Novalis, S. 142
[228] Vgl. UERLINGS, Novalis, S. 142
[229] SAMUEL/MÄHL, / Novalis. Hrsg. von Hans-Joachim Mähl u. Richard Samuel ; 1, S. 165
[230] UERLINGS, Novalis, S. 138
[231] SAMUEL/MÄHL, / Novalis. Hrsg. von Hans-Joachim Mähl u. Richard Samuel ; 1, S. 165
[232] Vgl. ZANUCCHI, S. 53
[233] Vgl. MÄHL, 7, S. 389
[234] Vgl. UERLINGS, Novalis, S. 138

Petersdorff zu favorisieren, welcher postuliert, dass jene spätantike Epoche deutlich als nachaufklärerische Gegenwart zu lesen sei, um die Hymnen unter dem "Vorzeichen eines esoterischen Religionsbegriffs"[235] angemessen deuten zu können. Dies lässt sich auch durch die ausdrückliche Wende der Hymnen »an die Nacht« belegen, welche die rationalistische Weltauffassung, die eine Entspiritualisierung der Natur bewirkt - "einsam und leblos stand die Natur"[236] - durch die neue romantische Religion überwinden soll[237]. Bevor diese etabliert werden kann, setzt die Zeitlichkeit der Götterferne und der »seelenlosen« Welt ein. "Ein kalter Nordwind"[238] ist das eklatante Kennzeichen des Rückzugs der alten Götter und das Ende der alten Welt. Allerdings kündigt auch hier der Verfall der alten Weltordnung zugleich eine zukünftige neue Weltzeit an, welche die Hymnen in der "Erscheinung Christi und seiner Überwindung des Todes"[239] entfalten und die Mähl zufolge zu einer höheren Harmonie führen wird[240]. An dieser Stelle klingt bereits Novalis' Entwurf "des dreitaktigen Rhythmus Ewigkeit - Leben - Ewigkeit"[241] an, der notwendig scheint, um des Todes Endgültigkeit und seinen Schrecken aufzuheben. Nicht länger wird der Tod mit Angst, Schrecken und Unverständnis angesehen. Vielmehr ist der verborgene Sinn des Todes erschlossen - durch ihn schreitet die Menschheit "zum ewgen Leben hin"[242]. Diese Stelle lässt erkennen, dass nicht bloß eine "in Verse gebrachte Kurzfassung der christlichen Frohen Botschaft"[243] in Hardenbergs Absicht liegt. Insbesondere die formulierte Gleichsetzung Christus und Tod - "du bist der Tod und machst uns erst gesund"[244] - und auch die erfundene Gestalt des Sängers - welche keine Entsprechung in der Bibel aufweist, jedoch maßgebliches Ingrediens der V. Hymne an die Nacht ist[245] - der die antike Todesallegorie als Vorwegnahme der christlichen Offenbarung deutet und damit gleichermaßen ein "stark ästhetisches Element in die christliche Tradition"[246] einfügt, lassen die *Hymnen an die Nacht* als eine innovative Bibelerzählung und nicht als bloße religionsgeschichtliche Abhandlung lesbar werden[247]. Nach Petersdorff gilt jedoch auch die "historisch-theologische Substanz des Christentums"[248] als notwendig, um die neue Religiosität zu erfassen. Eine enge inhaltliche Anlehnung an die christliche Heilsgeschichte und zugleich eine konsequente

---

[235] PETERSDORFF, Mysterienrede, S. 374
[236] SAMUEL/MÄHL, / Novalis. Hrsg. von Hans-Joachim Mähl u. Richard Samuel ; 1, S. 165
[237] Vgl. PETERSDORFF, Mysterienrede, S. 374
[238] SAMUEL/MÄHL, / Novalis. Hrsg. von Hans-Joachim Mähl u. Richard Samuel ; 1, S. 165
[239] MÄHL, 7, S. 389
[240] Vgl. MÄHL, 7, S. 389
[241] SAMUEL, 12, S. 175
[242] SAMUEL/MÄHL, / Novalis. Hrsg. von Hans-Joachim Mähl u. Richard Samuel ; 1, S. 173
[243] UERLINGS, Novalis, S. 138
[244] SAMUEL/MÄHL, / Novalis. Hrsg. von Hans-Joachim Mähl u. Richard Samuel ; 1, S. 167
[245] Vgl. UERLINGS, Friedrich von Hardenberg, genannt Novalis, S. 315
[246] PETERSDORFF, Mysterienrede, S. 375
[247] Vgl. STOCKINGER LUDWIG, in: »Blüthenstaub«, S. 106
[248] PETERSDORFF, Mysterienrede, S. 375

Verfremdung selbiger führen zu einer Reformation der Tradition[249], die Antike und Christentum durch Jesu Geburt, die im Anschluss an den Untergang des vergangenen Zeitalters steht, verbindet[250]. Ein griechischer Sänger erkennt den Beginn einer neuen "höhern Menschheit"[251]" in Jesu als "fackeltragenden Jüngling, der - auf alten Gräbern abgebildet - die antike Todesvorstellung [repräsentiert]"[252]. Diese im Gesang vorweggenommene »höhere Menschheit« weist bereits auf die Spitze des elementaren triadischen Entwurfs hin, der zusammen mit der Religion eine dialektische Einheit bildet[253]. Keine begrenzte, zyklische Wiederkehr des Gleichen, aber eine "spiralförmige, approximative Wiedergewinnung des Ideals auf höherer Stufe"[254] ist darunter zu verstehen. Stützen lässt sich diese These durch eine, in der handschriftlichen Form der Hymnen vorangestellte Notiz Hardenbergs - "Alte Welt. Der Tod. Xtus - neue Welt. die Welt der Zukunft"[255] - welche die vorherige Interpretation zusammenzufassen vermag. Das zukünftige goldene Zeitalter erscheint ihm, "gereift und gereinigt durch das Leid der Gegenwart"[256], bildlich erfahrbar in den "unkindlichen [...] Menschen"[257]. An dieser Stelle lassen sich ebenfalls Parallelen zum Spannungsbogen der Bibel ziehen. Einer ursprünglichen Einheit im Paradies folgt über die entfremdete Gegenwart das ewige Reich[258]. Dieser eschatologisch anmutende Gedanke Hardenbergs weist auf die Vorstellungen des Neuen Testaments, in denen "die Zukunft schon in die Gegenwart eingedrungen und mit ihr verschlungen"[259] ist, hin und gleichzeitig über sie hinaus[260]. Ähnlich formuliert auch Faber, welcher die V. Hymne an die Nacht in Hardenbergs übrige Werke kontextuell einbettet. So attestiert er: "darum geht es Novalis durchgängig, daß [sic!] die Zukunft, allgegenwärtig als 'Noch-Nicht-Gewordene', aber in 'Erinnerung', 'Ahnung' und 'Traum' bereits angebrochene, Wirklichkeit werde"[261].

"Der neuen Zeit Beginn"[262] wird zunächst im Morgenland offenbar, welches als Heimat der Poesie gilt. Die Betonung der Poesie, die Uerlings als in Verbindung mit Christus stehend charakterisiert[263], lässt sich ebenfalls mit den abschließenden Worten ein "ewiges Gedicht"[264]

---

[249] Vgl. PETERSDORFF, Mysterienrede, S. 375
[250] Vgl. SAMUEL/MÄHL, / Novalis. Hrsg. von Hans-Joachim Mähl u. Richard Samuel ; 1, S. 167
[251] SAMUEL/MÄHL, / Novalis. Hrsg. von Hans-Joachim Mähl u. Richard Samuel ; 1, S. 167
[252] ZANUCCHI, S. 56
[253] Vgl. ECKHARDT, 1021, S. 173
[254] LOHEIDE, 13, S. 226
[255] NOVALIS, Das dichterische Werk, S. 140
[256] SAMUEL, 12, S. 172
[257] SAMUEL/MÄHL, / Novalis. Hrsg. von Hans-Joachim Mähl u. Richard Samuel ; 1, S. 165
[258] Vgl. AMTMANN-CHORNITZER, 111, S. 70
[259] KAISER, S. 536
[260] Vgl. UERLINGS, Novalis, S. 145
[261] FABER, 12, S. 33
[262] SAMUEL/MÄHL, / Novalis. Hrsg. von Hans-Joachim Mähl u. Richard Samuel ; 1, S. 165
[263] Vgl. UERLINGS, Friedrich von Hardenberg, genannt Novalis, S. 315
[264] SAMUEL/MÄHL, / Novalis. Hrsg. von Hans-Joachim Mähl u. Richard Samuel ; 1, S. 173

belegen, welche Petersdorff dem Prinzip der "romantisierenden Neubelebung"[265] unterordnet.
Das dritte zukünftige Weltalter, welches den ursprünglichen harmonischen Zustand "zu höherer
Vollkommenheit empor"[266] vervollständigen wird, scheint nur möglich, da die Schreckgestalt
des Todes überwunden werden kann - "Im Tode ward das ewge Leben kund"[267]. Auch die in der
entfremdeten Jetztzeit verschwundenen Götter haben sich zurückgezogen, um in der Gestalt
Christus wiederaufzuerstehen: sie "schlummerten ein, um in neuen herrlichern Gestalten
auszugehn, über die veränderte Welt"[268]. Diese Aufhebung aller Trennung geschieht durch die
angeführten Mittlerfiguren in den *Hymnen an die Nacht*. Erneut ergibt sich eine Differenz
gegenüber der traditionellen christlichen Darstellungstradition, welche durch die Übertragung
des Mittlergedankens auf Christus selbigen in einen "romantische[n] Mythos"[269] überführt[270].
Der, durch Unterstützung der ersten vier Hymnen, in der V. Hymne entwickelte Gedanke einer
romantisch formulierten »neuen« Religiosität soll nun in vergleichender Betrachtung die
eingangs herausgearbeitete Idee der Götter Griechenlands gegenübergestellt, und
schlussfolgernd resümiert werden. Zuvor soll nun in Form eines kurzen Exkurses die sechste
Hymne an die Nacht, insofern sie die vordergründige Zeigeabsicht der Ausarbeitung unterstützt,
gedeutet werden.

4.3 Exkurs - Novalis' sechste Hymne an die Nacht

Novalis' Werk endet in Form eines "zehnstrophigen Gedichts als dem vollkommensten Gebilde
der ganzen Dichtung"[271]. Diese sechste Hymne, welche formale Entsprechungen mit den
geistlichen Liedern aufweist[272], schließt an die V. Hymne nicht bloß formal, sondern auch
fortschreitend inhaltlich an. Erneut wird ersichtlich, dass die zeitgenössische Gegenwart als "Zeit
der Götterferne bzw. der Gottesferne erlebt wird"[273], der durch den Gemeindegesang ablehnend
entgegen getreten wird[274]. In ihr tritt inhaltlich die eigentliche, den Hymnen charakteristische
Opposition zu Tage: die "Zeit der Götterferne"[275]. "O! einsam [...] und tiefbetrübt"[276] verbleiben
jene, denen die Vorzeit noch bewusst ist, da die Zeit der Götternähe Vergangenheit ist: "die Welt
ist leer"[277]. Die grundlegende Negation der Gegenwart wird in Form eines geistlichen Trosts

---

[265] PETERSDORFF, Mysterienrede, S. 375
[266] MÄHL, 7, S. 389
[267] SAMUEL/MÄHL, / Novalis. Hrsg. von Hans-Joachim Mähl u. Richard Samuel ; 1, S. 167
[268] SAMUEL/MÄHL, / Novalis. Hrsg. von Hans-Joachim Mähl u. Richard Samuel ; 1, S. 165
[269] UERLINGS, Novalis, S. 145
[270] Vgl. STOCKINGER LUDWIG, in: »Blüthenstaub«, S. 108
[271] PIKULIK, Aurora 1998, S. 35
[272] Vgl. UERLINGS, Novalis, S. 150
[273] UERLINGS, Novalis, S. 142
[274] Vgl. PETERSDORFF, Mysterienrede,S. 381
[275] UERLINGS, Novalis, S. 140
[276] SAMUEL/MÄHL, / Novalis. Hrsg. von Hans-Joachim Mähl u. Richard Samuel ; 1, S. 175
[277] SAMUEL/MÄHL, / Novalis. Hrsg. von Hans-Joachim Mähl u. Richard Samuel ; 1, S. 177

aufgehoben - "die Lust der Fremde ging uns aus, / zum Vater wollen wir nach Haus"[278], welcher zudem die »neue Religiosität« entfaltet. Erneut lässt sich die formale Besonderheit in der Gestaltung der Hymnen festhalten. Die Binnenstruktur der Hymnen, die Uerlings treffend als "Rhythmus des Strömens und Gleitens [...] [als] genial gestaltete Bewegung des Romantisierens"[279] beschrieben hat, findet auch in der Gegenüberstellung der fünften und sechsten Hymne ihre Fortsetzung. In der Bildlichkeit des Gemeindegesanges finden sich sowohl Todesvorstellungen als auch "Assoziationen an eine Neugeburt"[280]. Gerade letztere können wiederum als Fortsetzung der neuen Religiosität gedeutet werden, weshalb es sich verbietet die sechste Hymne, welche als "integraler Bestandteil des Zyklus [...] aus ihm heraus zu verstehen"[281] ist, als störendes Element anzusehen. Der Übergang der beiden letzten Hymnen, der Wandel von freien Rhythmen in eine strenge metrische gereimte Form, die schon in den Schlussversen der vierten Hymne an die Nacht erstmalig Verwendung findet, ist die formale Entsprechung der, in der sechsten Hymne an die Nacht vollzogenen, Entwicklung zum Kirchenlied[282]. Der Gemeindegesang, der Antwort auf die in Schillers *Götter Griechenlandes* anklingende Erlösungssehnsucht zu geben vermag[283], lässt die zuvor metrisch frei ausgestalteten Hymnen zur Gänze in Gesang aufgehen[284].

Ausgehend von diesen Erkenntnissen soll nun in einem abschließenden Schritt der bereits angekündigte Ausblick, eine Gegenüberstellung der beiden untersuchten Gedichte, hinsichtlich der Auseinandersetzung mit einer entfremdet empfundenen Gegenwart und der daraus resultierenden religiösen Verarbeitungstendenzen, erfolgen.

5. Ausblick - Weiterentwicklung eines religionsgeschichtlichen Theorems?

Nachweislich thematisieren sowohl die *Götter Griechenlandes* als auch die *Hymnen an die Nacht* ein Ideal, welches "herausgeboren aus einem sentimentalen Zustand des Spannungslebens mit der Zeit, aus der Kritik der Gegenwart heraus"[285] entsteht. Dabei ist nicht allein die V. Hymne als literarische Antwort auf die *Götter Griechenlandes* zu lesen, vielmehr finden sich schon in den ersten vier Hymnen Hinweise, die Novalis Ungenügen an Schillers Werk einleitend zu verstehen geben[286]. Im Gegensatz zur ersten Fassung der *Götter Griechenlandes* (1788) weisen die *Hymnen an die Nacht* nicht jene elegisch-sehnsüchtige Klage der Wiederkehr der

---

[278] SAMUEL/MÄHL, / Novalis. Hrsg. von Hans-Joachim Mähl u. Richard Samuel ; 1, S. 175
[279] UERLINGS, Novalis, S. 129
[280] PETERSDORFF, Mysterienrede, S. 382
[281] UERLINGS, Novalis, S. 151
[282] Vgl. PFAFF, Text & Kontext : Jahrbuch für germanistische Literaturforschung in Skandinavien 1980, S. 100
[283] Vgl. PFAFF, Text & Kontext : Jahrbuch für germanistische Literaturforschung in Skandinavien 1980, S. 102
[284] Vgl. PIKULIK, Aurora 1998, S. 35
[285] SAMUEL, 12, S. 180
[286] Vgl. PFAFF, Text & Kontext : Jahrbuch für germanistische Literaturforschung in Skandinavien 1980, S. 93

vergangenen antiken Welt auf[287]. Zusätzlich variieren die Hymnen die unbefriedigend-euphemistische Sichtweise des Todes der *Götter Griechenlandes*[288], da nur durch Tod und Auferstehung Christi eine Überwindung desselbigen zu "der höhern Menschheit freudiges Beginnen"[289] erfolgen kann. Beiden Gedichten liegt demzufolge eine unterschiedliche Bewertung der antiken Todesvorstellung zugrunde[290], die sich auch anhand der veränderten Bewertung der Tag- und Nachtsymbolik fundiert belegen lässt. Während die *Götter Griechenlandes* den Untergang des Lichts beklagen, konstatieren die *Hymnen an die Nacht* über die anfängliche Verehrung des Lichts gegenteilig den Untergang der Sonne für das Eintreten der Idealwelt für unabdingbar[291]. Diese Umdeutung der Nacht erfüllt die durch Schiller entgöttert gedeutete Gegenwart wieder mit Leben[292]. Dabei wird die symbolische Aufwertung der Nacht nicht im Sinne einer Negation des Tages verstanden, vielmehr entsteht ein dialektisches Zusammenspiel[293], so dass die Polarität Tag und Nacht zugunsten einer Sukzessivität aufgegeben wird[294]. Neben dieser modifizierten Auffassung werden wesentliche Elemente der Beschreibung der arkadischen Welt der ganzheitlich erfahrbaren Vorzeit der Elegie kontinuierlich fortgesetzt[295], indem sie als eine "bereits besänftigte, gebildete, freilich noch unbewußt [sic!] zusammenklingende Harmonie zwischen Mensch und Natur, Irdischem und Göttlichen"[296] skizziert wird. Darüber hinaus finden sich auch formal eindeutige Hinweise, die Novalis' literarisches Werk als durch Schiller inspiriert charakterisieren. "In der Verwendung von achtzeiligen Strophen nimmt [Novalis] bewußt [sic!] auch formal auf *Die Götter Griechenlandes* Bezug, um die von Schiller verwendeten Bilder wieder aufzunehmen und umzuwerten"[297].

Eine weitere Parallele wird durch die Verwendung des Komparativs, welcher eine Aufwertung der Antike durch Steigerung positiver Merkmale des gegenwärtigen Zeitalters kreiert[298], transparent. Der beginnenden V. Hymne wird die erste literarische Weiterentwicklung zuteil, indem Novalis dem Bild eines im Festrausch befindlichen, harmonischen Zeitalters ein "eisernes Schicksal"[299] voranstellt und selbige Hymne derart über ihren literarischen Bezugspunkt hinausweisen lässt. Die in rhythmisierter Prosa verfasste Beschreibung und Idealisierung der vergangenen Zeit wird im Folgenden durch eine rationalistisch fassbare Welt abgelöst, die

---

[287] Vgl. SAMUEL, 12, S. 178
[288] Vgl. UERLINGS, Novalis, S. 139
[289] SAMUEL/MÄHL, / Novalis. Hrsg. von Hans-Joachim Mähl u. Richard Samuel ; 1, S. 167
[290] Vgl. UERLINGS, Novalis, S. 139
[291] Vgl. SAMUEL, 12, S. 179
[292] Vgl. MULTHAMMER MICHAEL, in: Verteidigung als Angriff, S. 289
[293] Vgl. HASLINGER, 5, S. 172
[294] Vgl. VAN DER BERG, B. H.J., Literator 1983, S. 3
[295] Vgl. AMTMANN-CHORNITZER, 111, S. 64
[296] MÄHL, 7, S. 312
[297] AMTMANN-CHORNITZER, 111, S. 66
[298] SAMUEL/MÄHL, / Novalis. Hrsg. von Hans-Joachim Mähl u. Richard Samuel ; 1, S. 163
[299] SAMUEL/MÄHL, / Novalis. Hrsg. von Hans-Joachim Mähl u. Richard Samuel ; 1, S. 161

Novalis als Übergang zu etwas Neuem und Besserem deutet[300], während Schiller deutlich der Vergangenheit verhaftet bleibt. Indes die *Götter Griechenlandes* die Synthese aus monotheistischem Christentum und rationalistisch-wissenschaftlich erfahrbarer Welt lediglich als destruktiven Prozess der Verarmung, als Ursache der Entgötterung skizzieren[301], präsentiert die »seelenlos« empfundene Gegenwart der *Hymnen an die Nacht* ihre exorbitante Sinnhaftigkeit durch eine "Verinnerlichung der Religion"[302]. Diese literarische Beschaffenheit der *Götter Griechenlandes* provoziert zumindest eine "dezidiert antichristliche Stoßrichtung"[303], auch wenn aufmerksame Betrachtung exponiert, dass

> die Gedichte Hardenbergs und Schillers [...] keine religionsgeschichtlichen Abhandlungen [sind]. Sondern sie entwerfen bewußt [sic!] stilisierte Bilder der Antike und des Christentums, um Probleme der eigenen Zeit zu verhandeln. Das Kernproblem ist ganz offensichtlich die Erfahrung einer 'seelenlosen Gegenwart'[304].

Sowohl die *Götter Griechenlandes*, als auch die *Hymnen an die Nacht* konzipieren einen literarischen Abriss der Menschheitsgeschichte, die den christlichen Monotheismus als substantielle Komponente der seelenlosen Gegenwart einbezieht, jedoch finden sich unterschiedliche Modellierungen. Die unzweifelhafte Kritik an der eigenen Gegenwart der *Götter Griechenlandes* findet sich allerdings erst in Novalis sechster Hymne, durch die Kontrastierung der "Vorzeit" und "dieser Zeitlichkeit"[305]. Die *Götter Griechenlandes* beklagen in elegischem Tonfall das Ende des goldenen Zeitalters, in dessen Geleit die alten Götter durch die monotheistische Religion des neuen Gottes verschwinden[306]. Die V. Hymne an die Nacht dagegen bezeichnet Christus als den "jüngste[n] Sproß [sic!] des alten Götterstammes"[307] und damit symbolisch konnotiert als Zeichen der Hoffnung und Verheißung. Damit stellt sich Novalis in den Dienst einer neuen Weltdeutung, die "das Christentum als frühromantische Mittlerreligion neu zu denken"[308] versucht. Während Schiller den einen Gott betont, welcher der jüdisch-christlichen Glaubensvorstellung entspringt, verweist Novalis auf Christus, "das weltlich-göttliche Doppelwesen"[309], welcher die menschennahe antike Götterherrlichkeit auf höherer Stufe fortsetzt. Durch die Einführung der Gestalt des Sängers, die keine Entsprechung in der biblischen Erlösungsgeschichte aufweist, kann Novalis die Erlösungshoffnung aus tradierten christlichen Zusammenhängen herauslösen, und Schillers destruktiv skizziertem Prozess der

---

[300] Vgl. PIKULIK, Frühromantik, S. 193
[301] Vgl. PIKULIK, Frühromantik, S. 193
[302] UERLINGS, Novalis, S. 142
[303] UERLINGS, Novalis, S. 139
[304] UERLINGS, Friedrich von Hardenberg, genannt Novalis, S. 313
[305] SAMUEL/MÄHL, / Novalis. Hrsg. von Hans-Joachim Mähl u. Richard Samuel ; 1, S. 177
[306] Vgl. HIEBEL, S. 239
[307] AMTMANN-CHORNITZER, 111, S. 71
[308] UERLINGS, Novalis, S. 143
[309] UERLINGS, Novalis, S. 143

Entgötterung divergierend ein "romantisch gedeutetes Christentum als poetische Mittlerreligion"[310] entgegenstellen.

Zusammenfassend lässt sich festhalten, dass die diesseitig erfahrbare Götternähe beider literarischer Entwürfe ein idealisiertes antikes Griechenland als Ursprung betitelt. Jedoch entfalten beide einen unterschiedlichen Fortgang, der eine als ungenügend empfundene Gegenwart zum Anlass nimmt, um über sich hinauszuweisen. Während die *Götter Griechenlandes* noch sehnsüchtig-klagend den Verlust der vergangenen Einheit beweinen, wandelt Novalis in den *Hymnen an die Nacht* die "Vergangenheit zu einem Versprechen der Zukunft"[311]. Aber auch Schillers elegisch tönendem Verlust der goldenen Vorzeit eröffnet sich ein neuer potentieller Ausweg. Besonders deutlich wird dies in den Schlussversen, welche der realen Wirklichkeit die "Kunstwirklichkeit"[312] entgegenstellen.

Beide Gedichte kreieren durch den ihnen vorausgehenden epochalen Einfluss des Klassizismus respektive der einsetzenden Frühromantik eine eigene Verarbeitungstendenz der als ungenügend empfundenen Gegenwart, welche durch vorliegende Arbeit dargestellt werden konnte. Die deutlich idealistische Grundhaltung Schillers sucht die real empfundene Götterferne durch die "Zeitenthobenheit der Kunst"[313] zu heilen, indes die *Hymnen an die Nacht* die Idee eines zentralen Mittlergedankens vorstellen. Durch Verbindung von Christus und Poesie entsteht ein romantischer Mythos, der auch die "Verschiebungen gegenüber der christlichen Darstellungstradition"[314] transparent werden lässt. Auch hier lässt sich der Raum der Poesie wiederfinden, der schon bei Schiller anklang, da "ein ewiges Gedicht"[315] bezeichnend für die Aufhebung aller Trennung scheint: "Der im auferstandenen Christus aufgehobene Tod lässt die ganze Welt zu einem 'ewigen Gedicht' werden"[316]. So lässt sich abschließend konstatieren, dass sich nachweislich erhebliche formale und inhaltliche Überschneidungen finden, sodass die Annahme, die V. Hymne an die Nacht sei als literarische Antwort der *Götter Griechenlandes* lesbar, fundiert erscheint. Jedoch erhält auch die zuvor vermutete literarische Ausweitung des literarischen Sujets ihren Raum zugesprochen, die teilweise auch als Kritik an Schillers literarischer Verarbeitung der entfremdeten Gegenwart gesehen werden kann.

---

[310] PETERSDORFF, Mysterienrede, S. 371
[311] AMTMANN-CHORNITZER, 111, S. 130
[312] DEMMER SYBILLE, in: Klassik und Romantik, S. 45
[313] DEMMER SYBILLE, in: Klassik und Romantik, S. 45
[314] UERLINGS, Novalis, S. 144
[315] SAMUEL/MÄHL, / Novalis. Hrsg. von Hans-Joachim Mähl u. Richard Samuel ; 1, S. 173
[316] GROßE WILHELM, in: Klassik-Rezeption, S. 47

Literaturverzeichnis

Alt 2000
P.-A. Alt, Schiller. Leben - Werk - Zeit (München 2000)

Amtmann-Chornitzer 1997
C. Amtmann-Chornitzer, "Schöne Welt, wo bist du?". Die Rückkehr des Goldenen Zeitalters in geschichtsphilosophischen Gedichten von Schiller, Novalis und Hölderlin - Friedrich Schiller: "Die Götter Griechenlands", Novalis: "Hymnen an die Nacht", Friedrich Hölderlin: "Brod und Wein". Univ., Diplomarbeit--Graz, 1996, Erlanger Studien 111 (Erlangen 1997)

Behler (Hrsg.) 1987
E. Behler (Hrsg.), Bis zur Begründung der romantischen Schule. 15. September 1788 - 15. Juli 1797, Kritische Friedrich-Schlegel-Ausgabe / hrsg. von Ernst Behler. Unter Mitw. von Jean-Jacques Anstett und Hans Eichner ; 23 (Paderborn 1987)

Beissner 1965
F. Beissner, Geschichte der deutschen Elegie, Grundriss der germanischen Philologie 14 [3](Berlin 1965)

Berghahn 1987
K. L. Berghahn, Schillers mythologische Symbolik erläutert am Beispiel der "Götter Griechenlands", in: H. Brandt (Hrsg.), Friedrich Schiller - Angebot und Diskurs. Zugänge, Dichtung, Zeitgenossenschaft [1](Berlin 1987) 361–381

Berghahn u. a. (Hrsg.) 1983
K. L. Berghahn – H. U. Seeber – T. More (Hrsg.), Literarische Utopien von Morus bis zur Gegenwart (Königstein/Ts. 1983)

Brandt (Hrsg.) 1987
H. Brandt (Hrsg.), Friedrich Schiller - Angebot und Diskurs. Zugänge, Dichtung, Zeitgenossenschaft [1](Berlin 1987)

Brokoff 2005
J. Brokoff, Die Götter Griechenlandes, in: M. Luserke-Jaqui (Hrsg.), Schiller-Handbuch. Leben - Werk - Wirkung (Stuttgart, Weimar 2005) 262–265

Butler 1948
E. M. Butler, Deutsche im Banne Griechenlands. Deutsche verkürzte Ausgabe bearbeitet und mit einer Einführung versehen von Erich Rätsch (Berlin 1948)

Chiarini – Hinderer (Hrsg.) 2008
P. Chiarini – W. Hinderer (Hrsg.), Schiller und die Antike, Stiftung für die Romantikforschung 44 (Würzburg 2008)

Dahnke 1989
H.-D. Dahnke, Einleitung, in: H.-D. Dahnke (Hrsg.), Novalis. Werke in einem Band, Bibliothek deutscher Klassiker [4](Berlin 1989) V–XLII

Dahnke (Hrsg.) 1989
H.-D. Dahnke (Hrsg.), Novalis. Werke in einem Band, Bibliothek deutscher Klassiker [4](Berlin 1989)

Demmer 1984
S. Demmer, Von der Kunst über Religion zur Kunst-Religion. Zu Schillers Gedicht "Die Götter Griechenlands", in: W. Segebrecht (Hrsg.), Klassik und Romantik, Universal-Bibliothek 7892 (Stuttgart 1984) 37–48

Eckhardt 1987
H.-W. Eckhardt, "Wünsche und Begehrungen sind Flügel". Die Genesis der Utopie bei
Novalis. Univ., Diss.--Hannover, 1987, Europäische Hochschulschriften Reihe 1, Deutsche
Sprache und Literatur 1021 (Frankfurt am Main 1987)

Eggensperger 2005
K. Eggensperger, Schillers Gott. Bemerkungen zu den "Göttern Griechenlands",
Pandaemonium Germanicum 9, 2005, 63–75, <http://publikationen.ub.uni-
frankfurt.de/frontdoor/index/index/docId/26093> (02.01.2016)

Ensberg – Kost (Hrsg.) 2003
P. Ensberg – J. Kost (Hrsg.), Klassik-Rezeption. Auseinandersetzung mit einer Tradition ;
Festschrift für Wolfgang Düsing (Würzburg 2003)

Faber 1970
R. Faber, Novalis: Die Phantasie an die Macht, Texte Metzler 12 (Stuttgart 1970)

Felden 1987
H. Felden, Früh vertraut - spät entdeckt. Dichter begegnen dem Buch der Bücher [1](Stuttgart
1987)

Frick 1998
W. Frick, Schiller und die Antike, in: H. Koopmann (Hrsg.), Schiller-Handbuch (Stuttgart
1998) 91–116

Fricke 1968
G. Fricke, Der religiöse Sinn der Klassik Schillers. Zum Verhältnis von Idealismus und
Christentum [2](Darmstadt 1968)

Friedrich Schiller [1904]
Friedrich Schiller, Die Götter Griechenlandes, in: E. von der Hellen (Hrsg.), Schillers
sämtliche Werke. Bd. 1. Gedichte I (Stuttgart, u.a. [1904]) 156–160

Friedrich Schiller [ca. 1918]
Friedrich Schiller, Philosophische Schriften und Gedichte. Sonderausg., Taschenausgaben der
"Philosophischen Bibliothek" 20 (Leipzig [ca. 1918])

Friedrich Schiller [ca. 1918]
Friedrich Schiller, Über naive und sentimentalische Dichtung, in: , Philosophische Schriften
und Gedichte. Sonderausg., Taschenausgaben der "Philosophischen Bibliothek" 20 (Leipzig
[ca. 1918]) 315–411

Friedrich Schiller 1943
Friedrich Schiller, Die Götter Griechenlandes, in: J. Petersen – F. Beißner (Hrsg.), Friedrich
Schiller: Werke. Nationalausgabe (Weimar 1943) 190–195

Friedrich Schiller 1962
Friedrich Schiller, Brief eines reisenden Dänen, in: B. von Wiese (Hrsg.), Friedrich Schiller:
Werke. Nationalausgabe (Weimar 1962) 101–106

Frühwald 1969
W. Frühwald, Die Auseinandersetzung um Schillers Gedicht "Die Götter Griechenlandes", in:
F. Martini – W. Müller-Seidel – B. Zeller (Hrsg.), Jahrbuch der deutschen Schillergesellschaft
13 (Stuttgart 1969) 251–271

Große 2003
W. Große, Schiller, Novalis, Heine und die Götter Griechenlands - ein poetologischer Diskurs,
in: P. Ensberg – J. Kost (Hrsg.), Klassik-Rezeption. Auseinandersetzung mit einer Tradition ;
Festschrift für Wolfgang Düsing (Würzburg 2003) 35–53

Haslinger 1981
J. Haslinger, Die Ästhetik des Novalis. Univ., Diss.--Wien, 1980, Literatur in der Geschichte, Geschichte in der Literatur 5 (Königstein/Ts. 1981)

Heftrich 1969
E. Heftrich, Novalis. Vom Logos der Poesie, Studien zur Philosophie und Literatur des neunzehnten Jahrhunderts 4 (Frankfurt am Main 1969)

Heinrich 1977
G. Heinrich, Geschichtsphilosophische Positionen der deutschen Frühromantik. (Friedrich Schlegel und Novalis). Akad. der Wiss. der DDR, Diss.--Berlin, 1973, Literatur und Gesellschaft 9 (Kronberg/Ts. 1977)

Hiebel 1972
F. Hiebel, Novalis. Deutscher Dichter, europäischer Denker, christlicher Seher [2](München 1972)

Hinderer u. a. (Hrsg.) 2006
W. Hinderer – A. v. Bormann – A. Breth (Hrsg.), Friedrich Schiller und der Weg in die Moderne, Stiftung für Romantikforschung 40 (Würzburg 2006)

Kaiser 1988
G. Kaiser, Geschichte der deutschen Lyrik von Goethe bis zur Gegenwart. Ein Grundriss in Interpretationen. Bd. 1: Geschichte der deutschen Lyrik von Goethe bis Heine, Suhrkamp-Taschenbuch Materialien [1](Frankfurt am Main 1988)

Kamla 1945
H. Kamla, Novalis' Hymnen an die Nacht. Zur Deutung und Datierung (Kopenhagen 1945)

Keller 1964
W. Keller, Das Pathos in Schillers Jugendlyrik (Berlin 1964)

Konda (Hrsg.) 1998
J. Konda (Hrsg.), Das Christus-Bild in der deutschen Hymnendichtung vom 18. bis zum 20. Jahrhundert. Univ., Diss.--Köln, 1998, Kölner germanistische Studien 41 (Köln 1998)

Koopmann (Hrsg.) 1998
H. Koopmann (Hrsg.), Schiller-Handbuch (Stuttgart 1998)

Koopmann 1998
H. Koopmann, Schillers Lyrik, in: H. Koopmann (Hrsg.), Schiller-Handbuch (Stuttgart 1998) 303–325

Loheide 2000
B. Loheide, Fichte und Novalis. Transzendentalphilosophisches Denken im romantisierenden Diskurs. Univ., Diss.--Münster, 1998, Fichte-Studien Supplementa 13 (Amsterdam 2000)

Luserke-Jaqui (Hrsg.) 2005
M. Luserke-Jaqui (Hrsg.), Schiller-Handbuch. Leben - Werk - Wirkung (Stuttgart, Weimar 2005)

Luserke-Jaqui – Schiller 2005
M. Luserke-Jaqui – F. Schiller, Friedrich Schiller, UTB Literaturwissenschaft 2595 (Tübingen 2005)

Lütgert 1967
W. Lütgert, Die Religion des deutschen Idealismus und ihr Ende, Beiträge zur Förderung christlicher Theologie, 2. Reihe, Sammlung wissenschaftlicher Monographien Bd. 6 (Hildesheim 1967)

Mähl 1965
H.-J. Mähl, Die Idee des goldenen Zeitalters im Werk des Novalis. Studien zur Wesensbestimmung der frühromantischen Utopie und zu ihren ideengeschichtlichen Voraussetzungen, Probleme der Dichtung. Studien zur deutschen Literaturgeschichte 7 (Heidelberg 1965)

Martini u. a. (Hrsg.) 1969
F. Martini – W. Müller-Seidel – B. Zeller (Hrsg.), Jahrbuch der deutschen Schillergesellschaft 13 (Stuttgart 1969)

Multhammer 2015
M. Multhammer, Die nicht ganz uneigennützige Rettung Schillers, in: M. Multhammer (Hrsg.), Verteidigung als Angriff. Apologie und 'Vindicatio' als Möglichkeiten der Positionierung im gelehrten Diskurs, Frühe Neuzeit 197 (Berlin 2015) 263–293

Multhammer (Hrsg.) 2015
M. Multhammer (Hrsg.), Verteidigung als Angriff. Apologie und 'Vindicatio' als Möglichkeiten der Positionierung im gelehrten Diskurs, Frühe Neuzeit 197 (Berlin 2015)

Novalis 1960
Novalis, Das dichterische Werk, Schriften. Die Werke Friedrich von Hardenbergs 1 (Stuttgart 1960)

Novalis 1970
Novalis, Apologie von Friedrich Schiller, in: N. Oellers (Hrsg.), Schiller, Zeitgenosse aller Epochen. Dokumente zur Wirkungsgeschichte Schillers in Deutschland, Wirkung und Literatur 2 (Frankfurt am Main 1970) 114

Novalis – Balmes 2002
Novalis – H. J. Balmes, Kommentar, Werke, Tagebücher und Briefe Friedrich von Hardenbergs / Novalis. Hrsg. von Hans-Joachim Mähl u. Richard Samuel ; 3 [2](München 2002)

Oellers (Hrsg.) 1970
N. Oellers (Hrsg.), Schiller, Zeitgenosse aller Epochen. Dokumente zur Wirkungsgeschichte Schillers in Deutschland, Wirkung und Literatur 2 (Frankfurt am Main 1970)

Oellers 2006
N. Oellers, Schiller und die Religion, in: W. Hinderer – A. v. Bormann – A. Breth (Hrsg.), Friedrich Schiller und der Weg in die Moderne, Stiftung für Romantikforschung 40 (Würzburg 2006) 165–186

Oellers – Hofmann (Hrsg.) 1996
N. Oellers – M. Hofmann (Hrsg.), Friedrich Schiller. Zur Modernität eines Klassikers [1](Frankfurt am Main 1996)

Petersdorff 1996
D. von Petersdorff, Mysterienrede. Zum Selbstverständis romantischer Intellektueller, Studien zur deutschen Literatur 139 (Berlin 1996)

Petersdorff 2004
D. von Petersdorff, Die Auferstehung Sophie von Kühns in den >Hymnen an die Nacht<, in: H. Uerlings (Hrsg.), Novalis. Poesie und Poetik ; [Beiträge der dritten Fachtagung der Internationalen Novalis-Gesellschaft, 3. - 7. Oktober 2001 in der Forschungsstätte für Frühromantik auf Schloss Oberwiederstedt] 125-141, Schriften der Internationalen Novalis-Gesellschaft 4 (Tübingen 2004)

Petersen – Beißner (Hrsg.) 1943
J. Petersen – F. Beißner (Hrsg.), Friedrich Schiller: Werke. Nationalausgabe (Weimar 1943)

Pfaff 1980
  P. Pfaff, Geschichte und Dichtung in den >Hymnen an die Nacht< des Novalis, Text &
  Kontext : Jahrbuch für germanistische Literaturforschung in Skandinavien 8, 1980, 88–106

Pikulik 1998
  L. Pikulik, "Sehnsucht nach dem Tode". Novalis' sechste Hymne an die Nacht im
  kontextuellen Zusammenhang, Aurora 58, 1998, 35–47

Pikulik 2000
  L. Pikulik, Frühromantik. Epoche - Werke - Wirkung, Arbeitsbücher zur Literaturgeschichte
  [2](München 2000)

Safranski 2004
  R. Safranski, Friedrich Schiller. Die Erfindung des Deutschen Idealismus (München, Wien
  2004)

Samuel 1975
  R. Samuel, Die poetische Staats- und Geschichtsauffassung Friedrich von Hardenbergs
  (Novalis). Studien zur romant. Geschichtsphilosophie, Deutsche Forschungen 12
  [1925](Hildesheim 1975)

Samuel – Mähl (Hrsg.) 2004
  R. Samuel – H.-J. Mähl (Hrsg.), Das dichterische Werk, Tagebücher und Briefe, Werke,
  Tagebücher und Briefe Friedrich von Hardenbergs / Novalis. Hrsg. von Hans-Joachim Mähl u.
  Richard Samuel ; 1 [2](München 2004)

Schiller [1904]
  F. Schiller, Schillers sämtliche Werke. Bd. 1. Gedichte I (Stuttgart, u.a. [1904])

Schmiedt – Grimm 2013
  H. Schmiedt – G. E. Grimm, Literatur Kompakt: Friedrich Schiller, Literatur kompakt - Band
  4 [1](s.l. 2013)

Schulz 1984
  G. Schulz, "Mit den Menschen ändert die Welt sich". Zu Friedrich von Hardenbergs "5.
  Hymne an die Nacht", in: W. Segebrecht (Hrsg.), Klassik und Romantik, Universal-Bibliothek
  7892 (Stuttgart 1984) 202–216

Schulze-Bünte 2005
  M. Schulze-Bünte, Schiller und die Religion (Mainz 2005)

Seeber 1983
  H. U. Seeber, Einleitung, in: K. L. Berghahn – H. U. Seeber – T. More (Hrsg.), Literarische
  Utopien von Morus bis zur Gegenwart (Königstein/Ts. 1983) 7–25

Segebrecht (Hrsg.) 1984
  W. Segebrecht (Hrsg.), Klassik und Romantik, Universal-Bibliothek 7892 (Stuttgart 1984)

Sell 1910
  K. Sell, Die Religion unserer Klassiker. Lessing Herder Schiller Goethe, Lebensfragen.
  Schriften und Reden 1 [2](Tübingen 1910)

Stockinger 2000
  L. Stockinger, Novalis und der Katholizismus, in: H. Uerlings (Hrsg.), »Blüthenstaub«.
  Rezeption und Wirkung des Werkes von Novalis (Berlin 2000) 99–124

Stolberg 1970
  F. L. Stolberg, Gedanken über Herrn Schillers Gedicht "Die Götter Griechenlandes", in: N.

Oellers (Hrsg.), Schiller, Zeitgenosse aller Epochen. Dokumente zur Wirkungsgeschichte Schillers in Deutschland, Wirkung und Literatur 2 (Frankfurt am Main 1970) 57–62

Uerlings 1991
H. Uerlings, Friedrich von Hardenberg, genannt Novalis. Werk und Forschung (Stuttgart 1991)

Uerlings 1998
H. Uerlings, Novalis. (Friedrich von Hardenberg), Universal-Bibliothek Literaturstudium (Stuttgart 1998)

Uerlings (Hrsg.) 2000
H. Uerlings (Hrsg.),»Blüthenstaub«. Rezeption und Wirkung des Werkes von Novalis (Berlin 2000)

Uerlings (Hrsg.) 2004
H. Uerlings (Hrsg.), Novalis. Poesie und Poetik ; [Beiträge der dritten Fachtagung der Internationalen Novalis-Gesellschaft, 3. - 7. Oktober 2001 in der Forschungsstätte für Frühromantik auf Schloss Oberwiederstedt], Schriften der Internationalen Novalis-Gesellschaft 4 (Tübingen 2004)

Unger 1968
R. Unger, Herder, Novalis und Kleist. Studien über die Entwicklung des Todesproblems in Denken und Dichten vom Sturm und Drang zur Romantik ; mit einem ungedruckten Briefe Herders (Darmstadt 1968)

Van der Berg, B. H.J. 1983
Van der Berg, B. H.J., Gehalt, Struktur und religiöse Haltung in Novalis' <i>Hymnen an die Nacht</i>, Literator 4, 1983

von Wiese (Hrsg.) 1962
B. von Wiese (Hrsg.), Friedrich Schiller: Werke. Nationalausgabe (Weimar 1962)

Wiese 1978
B. v. Wiese, Friedrich Schiller [4](Stuttgart 1978)

Wolff 2005
H. Wolff, Schiller und die Religion (Marbach 2005)

Zanucchi 2006
M. Zanucchi, Novalis - Poesie und Geschichtlichkeit. Die Poetik Friedrich von Hardenbergs. Univ., Diss.--Leipzig, 2003 (Paderborn 2006)

Zimmermann 2008
H. D. Zimmermann, "Die Götter Griechenlands". Zu Friedrich Schiller und Friedrich Hölderlin, in: P. Chiarini – W. Hinderer (Hrsg.), Schiller und die Antike, Stiftung für die Romantikforschung 44 (Würzburg 2008) 75–90

BEI GRIN MACHT SICH IHR WISSEN BEZAHLT

- Wir veröffentlichen Ihre Hausarbeit, Bachelor- und Masterarbeit

- Ihr eigenes eBook und Buch - weltweit in allen wichtigen Shops

- Verdienen Sie an jedem Verkauf

Jetzt bei www.GRIN.com hochladen und kostenlos publizieren

Die Arbeit thematisiert die literarischen Auseinandersetzungen mit kontemporären geisteswissenschaftlichen Strömungen zur Zeit des ausgehenden 18. Jahrhunderts. Eine als ungenügend empfundene Gegenwart und die Sehnsucht nach einer idealisierten Zukunft respektive einer überhöhten "goldenen Vergangenheit" bilden dabei die zentralen Gegenpole eines allgegenwärtig erfahrbaren fundamentalen Krisenbewusstseins ab. (...)

www.grin.com

Dokument Nr. V375827
http://www.grin.com
ISBN 9783668524965

9 783668 524965

Germanistik

Anne-Christine Funk

Thomas Manns "Der Kleine Herr Friedemann" als poetisches Manifest zu seinen späteren Werken "Der Tod in Venedig" und "Felix Krull"

Studienarbeit

GRIN